3-bande carambole: Interessante og usædvanlige bordmønstre

Fra professionelle mesterskabsturneringer

Test dig selv mod professionelle spillere

Allan P. Sand
PBIA Certificeret billard instruktør

ISBN 978-1-62505-256-8
PRINT 7x10

ISBN 978-1-62505-399-2
PRINT 8.5x11

First edition

Published by Billiard Gods Productions.

Santa Clara, CA 95051

U.S.A.

For the latest information about books and videos, go to: http://www.billiardgods.com

Acknowledgements

Wei Chao created the software that was used to create these graphics.

Indholdsfortegnelse

Other books by the author ...

3 Cushion Billiards Championship Shots (a series)

Carom Billiards: Some Riddles & Puzzles

Carom Billiards: MORE Riddles & Puzzles

Why Pool Hustlers Win

Table Map Library

Safety Toolbox

Cue Ball Control Cheat Sheets

Advanced Cue Ball Control Self-Testing Program

Drills & Exercises for Pool & Pocket Billiards

The Art of War versus The Art of Pool

The Psychology of Losing – Tricks, Traps & Sharks

The Art of Team Coaching

The Art of Personal Competition

The Art of Politics & Campaigning

The Art of Marketing & Promotion

Kitchen God's Guide for Single Guys

Introduktion

Dette er en af en række 3-bande carambola bøger, der viser, hvordan professionelle spillere træffer beslutninger, baseret på bordlayoutet. Alle disse layouts er fra internationale konkurrencer.

Disse layouts sætter dig inde i afspillerens hoved, begyndende med boldens positioner (vist i den første tabel). Den anden tabel layout viser, hvad spilleren besluttede at gøre.

Om bordlayouterne

Hver konfiguration har to tabellayouter. Den første tabel er boldpositionerne. Den anden tabel er, hvordan boldene bevæger sig på bordet.

Dette er de tre bolde på bordet:

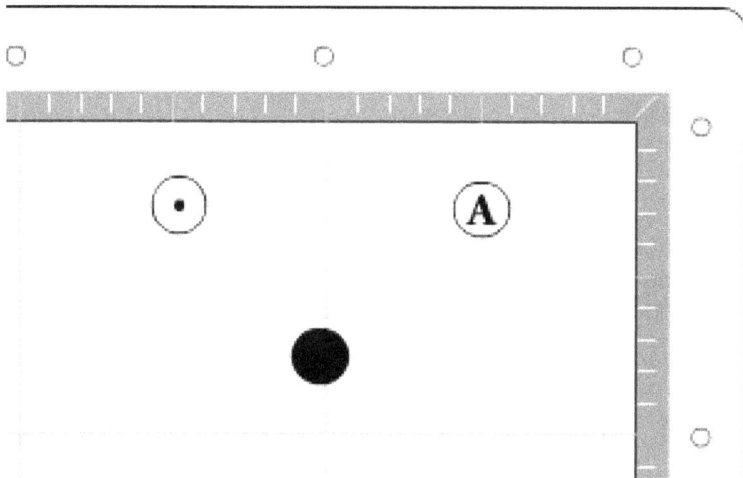

(A) (CB) (din billardkugle)

(•) (OB) (modstander billardkugle)

● (OB) (rød billardkugle)

Indstillinger for tabelopsætning

Brug papirbindingsringe til at markere boldpositionerne (køb hos enhver kontorforretning).

Placer en mønt på hver bande, at (CB) vil røre ved.

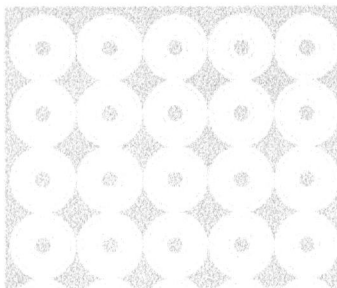

Sammenlign din (CB) -sti med den anden tabelkonfiguration. For at lære, kan du have brug for flere forsøg. Efter hvert svigt skal du foretage justering og prøve igen, indtil du har succes.

Formål med layouterne

Disse layouter leveres til to formal:

*   Din analyse - I hjemmet kan du overveje, hvordan du spiller konfigurationen på den første tabel. Sammenlign dine ideer til det faktiske mønster på den anden bord. Tænk på din løsning, og overvej muligheder. Fra den anden tabel kan du også analysere, hvordan man følger mønsteret. Mentalt spiller skuddet og bestemmer, hvordan du kan lykkes.

*   Øv bordkonfigurationen - Placer bolderne på plads i henhold til den første tabelkonfiguration. Prøv at skyde på samme måde som det andet bordmønster. Du kan have brug for mange forsøg, før du finder den rigtige måde at spille på. Sådan kan du lære og spille disse skud under konkurrencer og turneringer.

Kombinationen af mental analyse og praktisk praksis vil gøre dig til en smartere spiller.

A: Bande først

Disse er interessante konfigurationer. Den (CB) går først ind i en bande og fuldfører derefter scoren med en usædvanlig omstændighed.

(A) (CB) (din billardkugle) – (⊙) (OB) (modstander billardkugle) – ● (OB) (rød billardkugle)

A: Gruppe 1

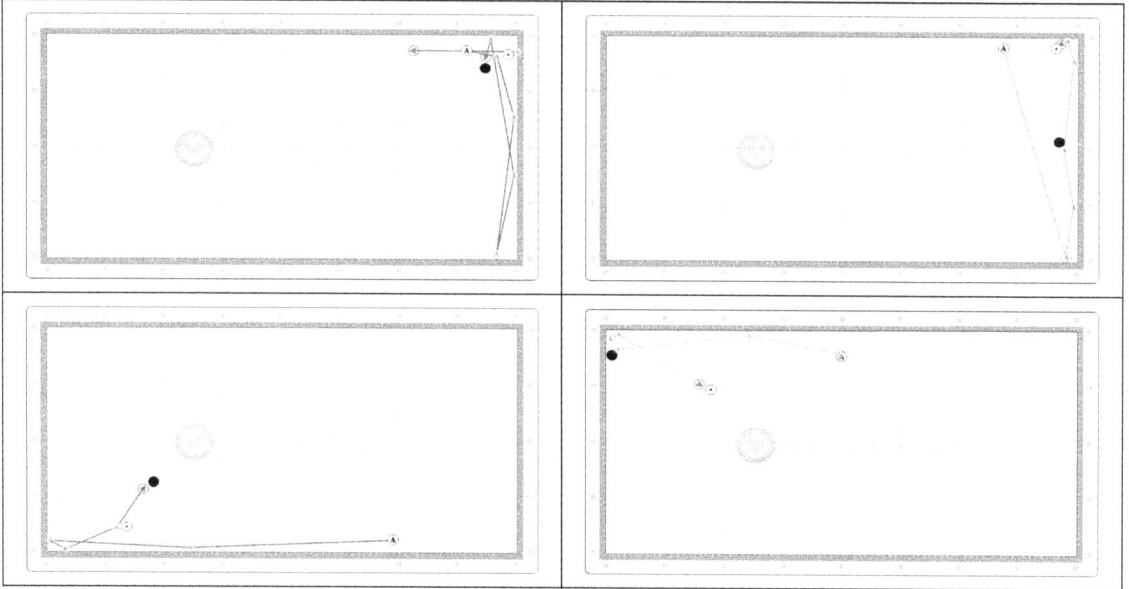

Analyse:

A:1a. _____

A:1b. _____

A:1c. _____

A:1d. _____

A:1a – Setup

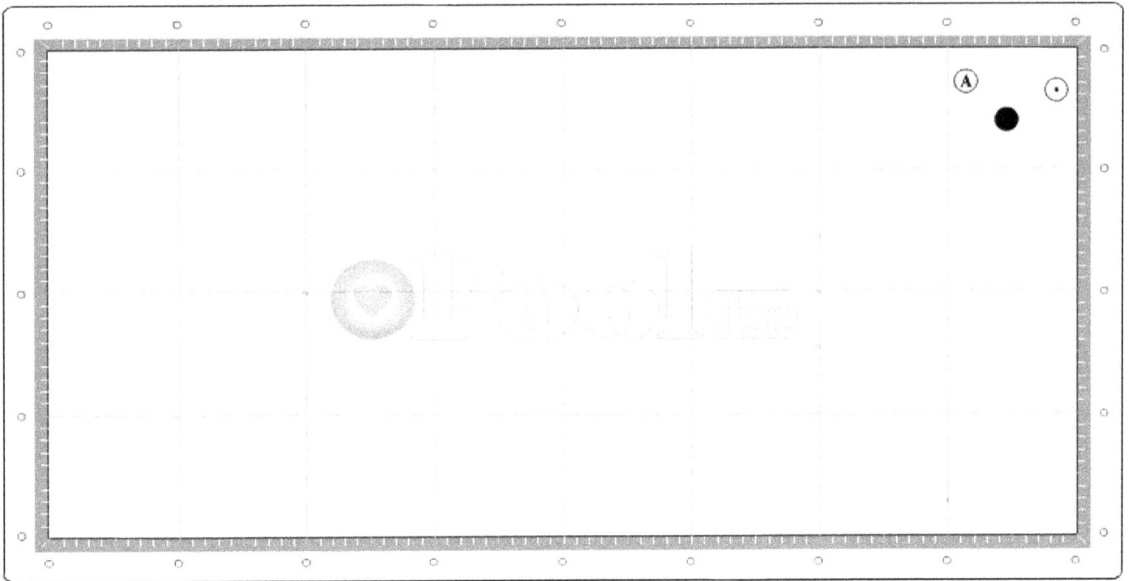

Noter og ideer:

Afspilning mønster

A:1b – Setup

Noter og ideer:

Afspilning mønster

A:1c – Setup

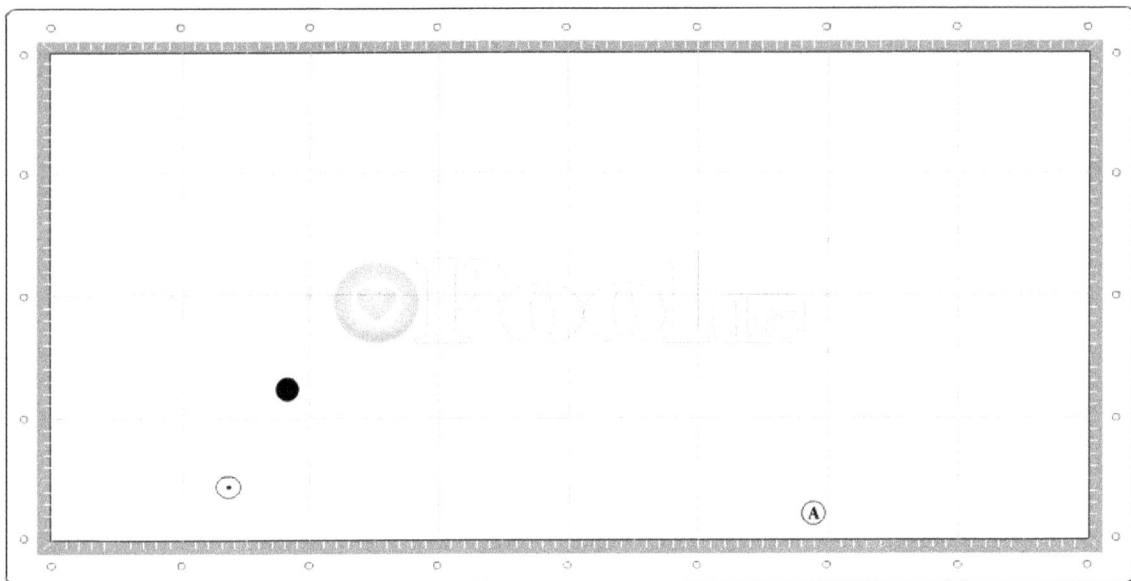

Noter og ideer:

Afspilning mønster

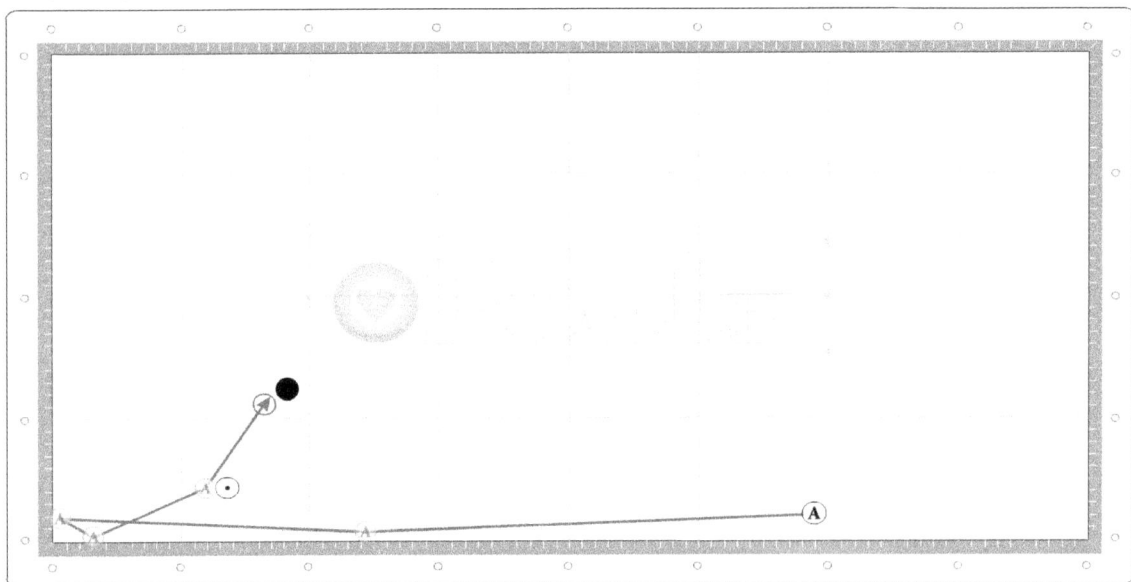

A:1d – Setup

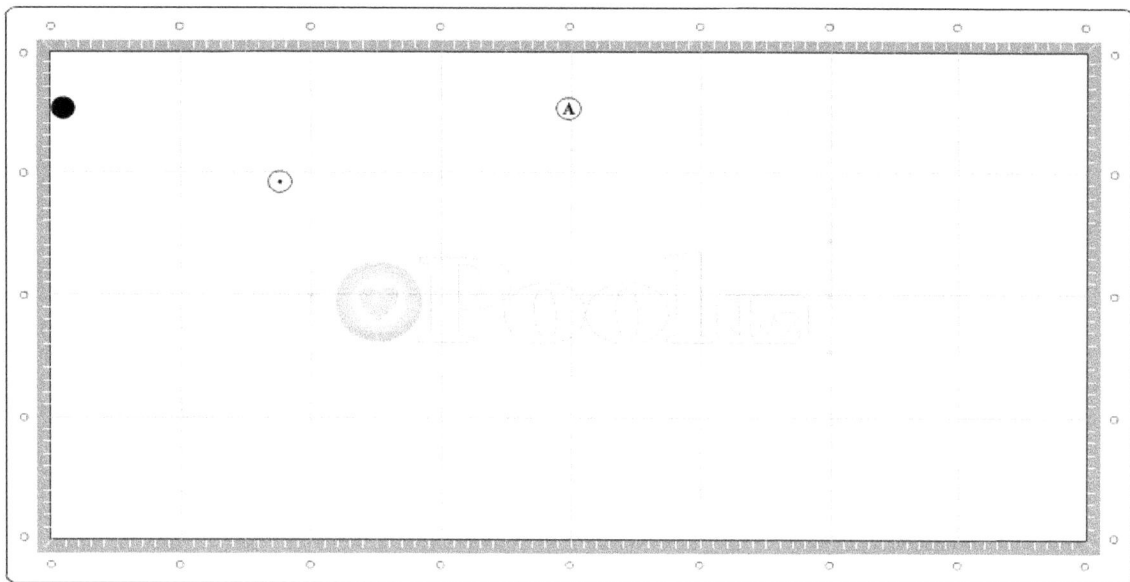

Noter og ideer:

Afspilning mønster

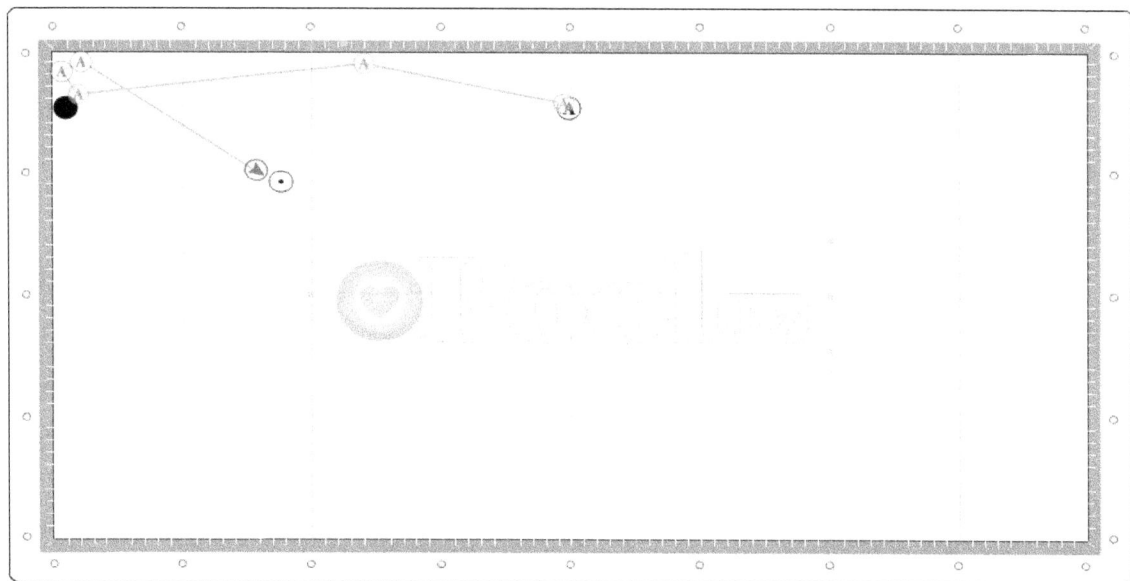

A: Gruppe 2

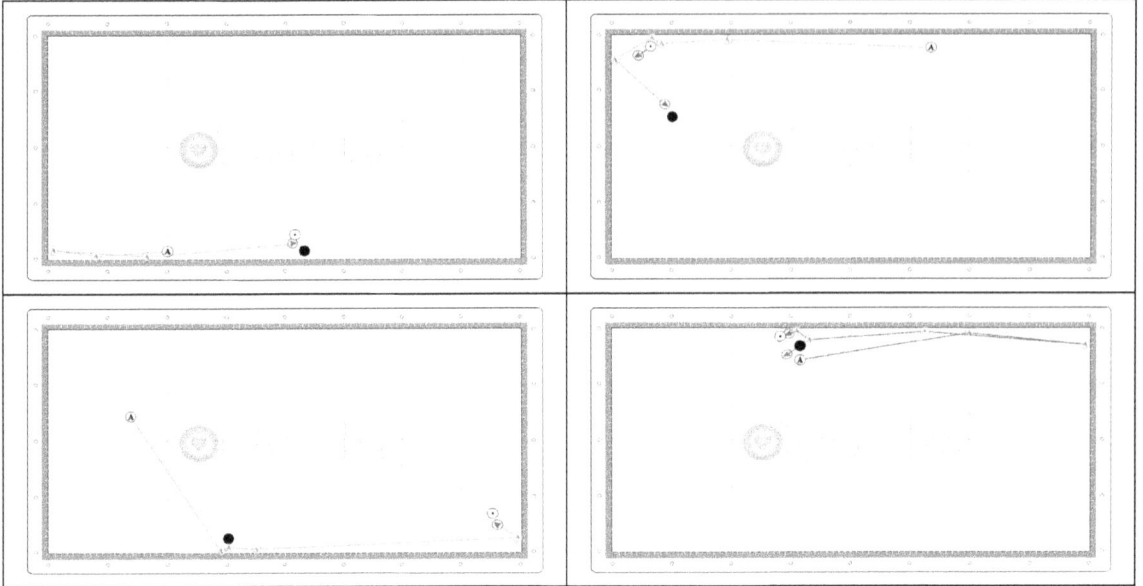

Analyse:

A:2a. _____

A:2b. _____

A:2c. _____

A:2d. _____

A:2a – Setup

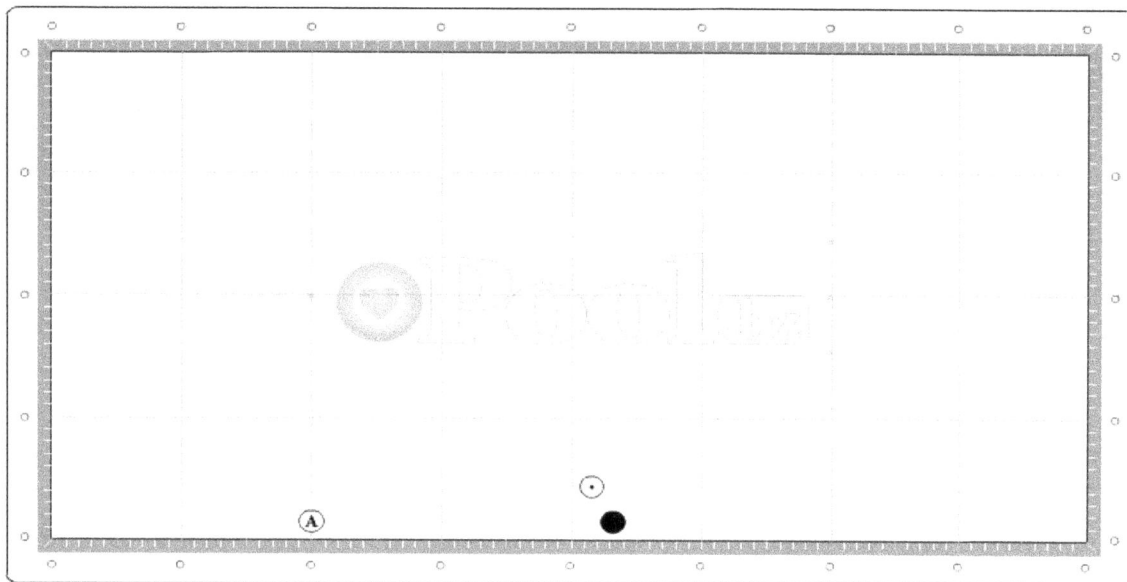

Noter og ideer:

Afspilning mønster

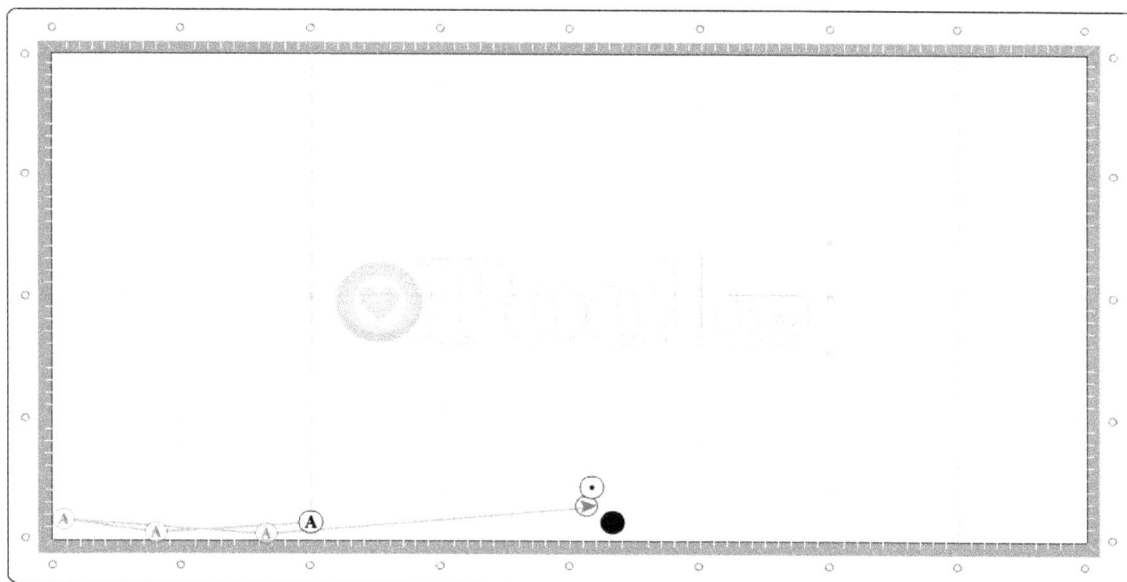

A:2b – Setup

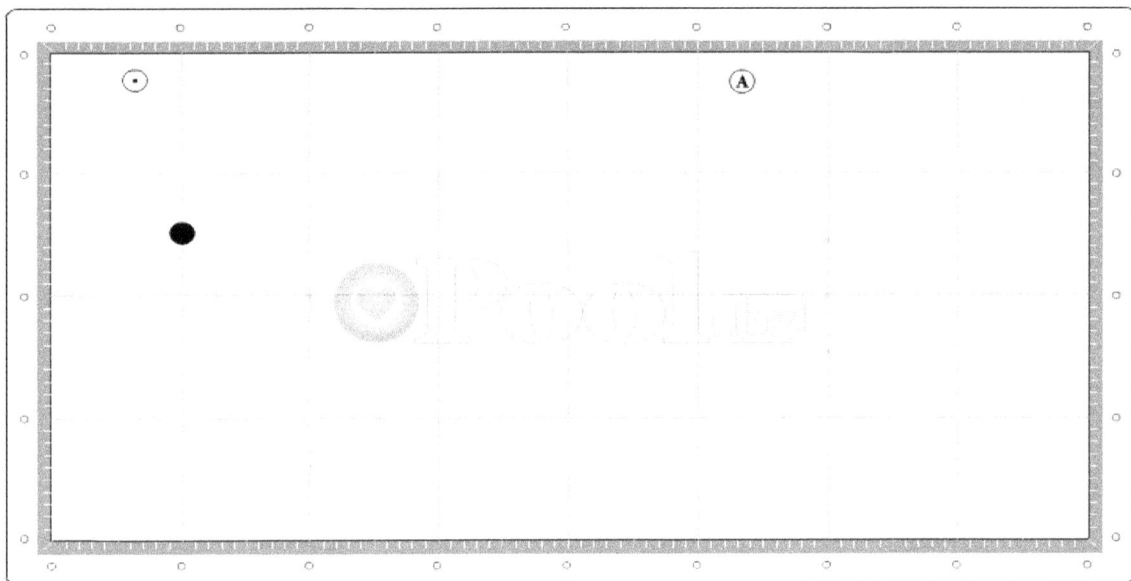

Noter og ideer:

Afspilning mønster

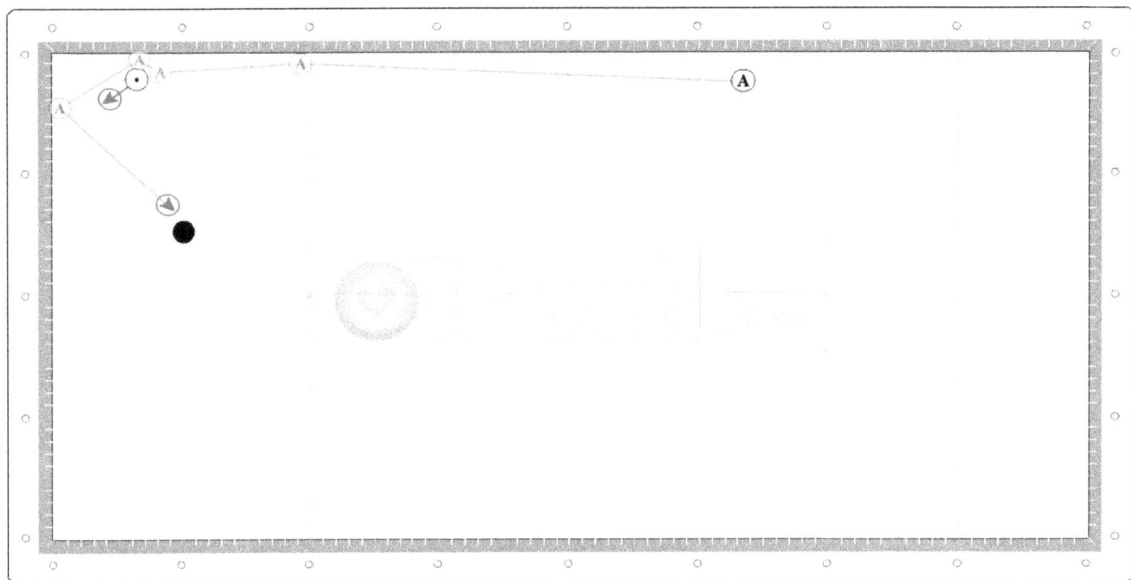

A:2c – Setup

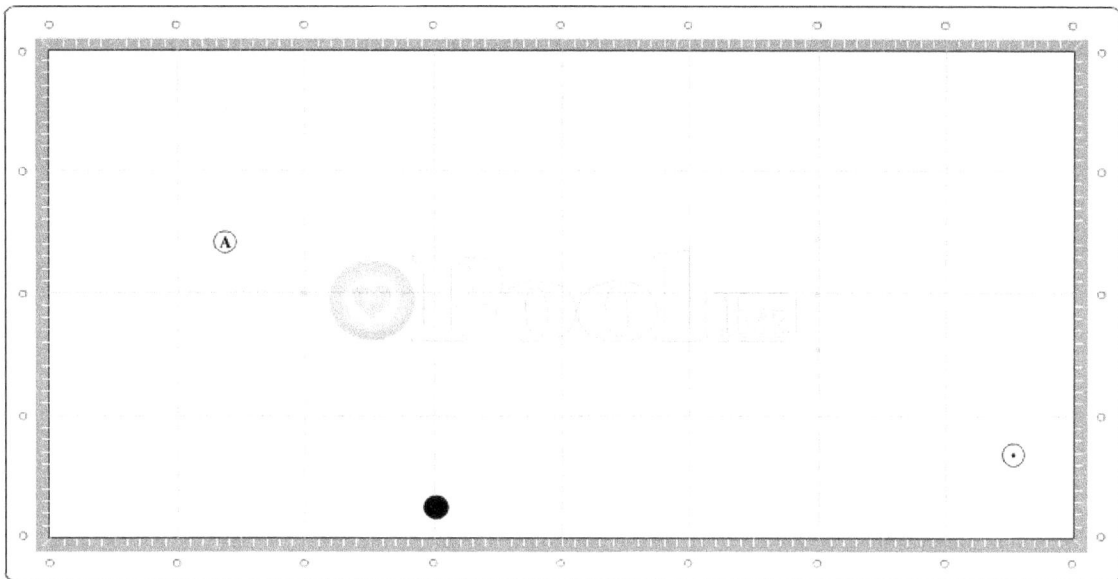

Noter og ideer:

Afspilning mønster

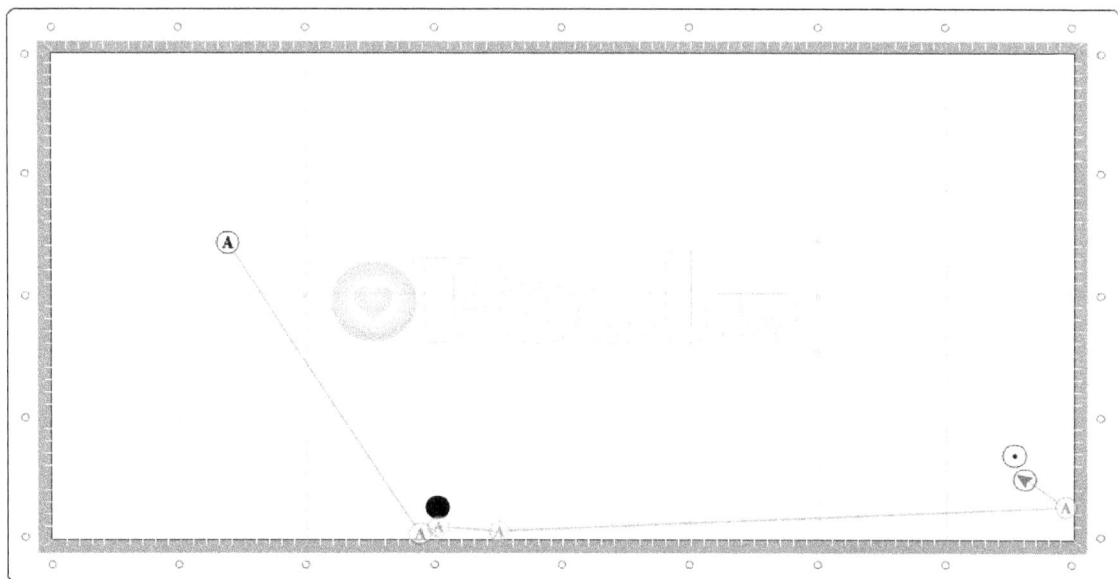

A:2d – Setup

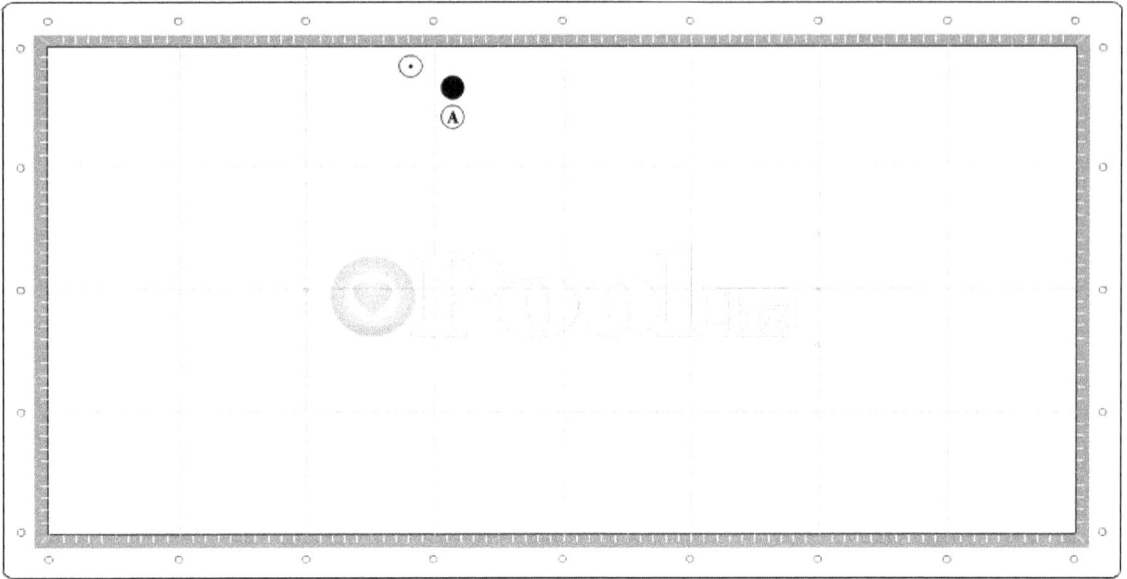

Noter og ideer:

Afspilning mønster

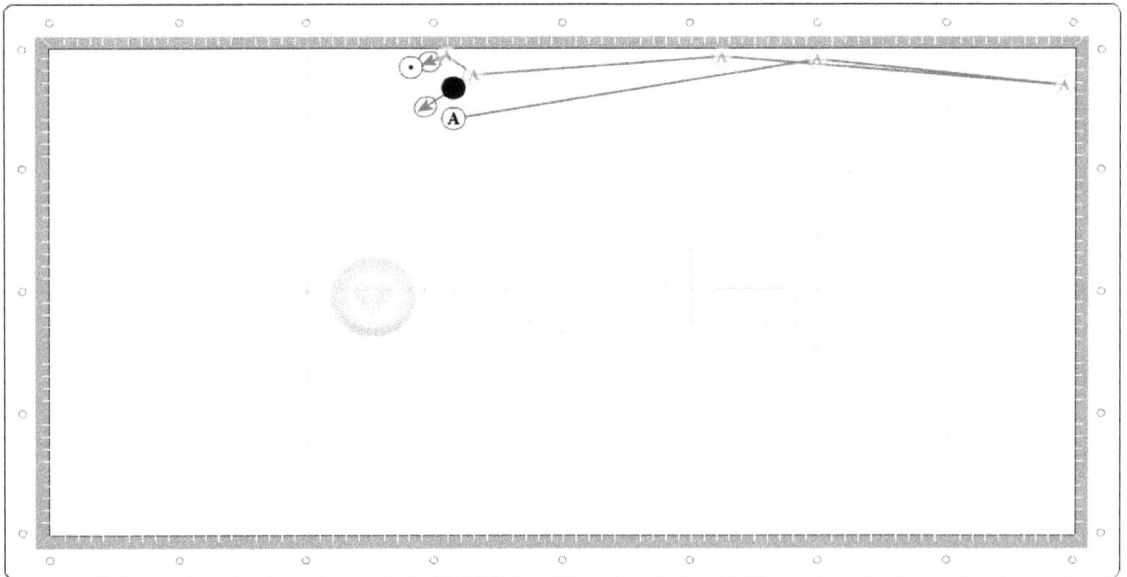

A: Gruppe 3

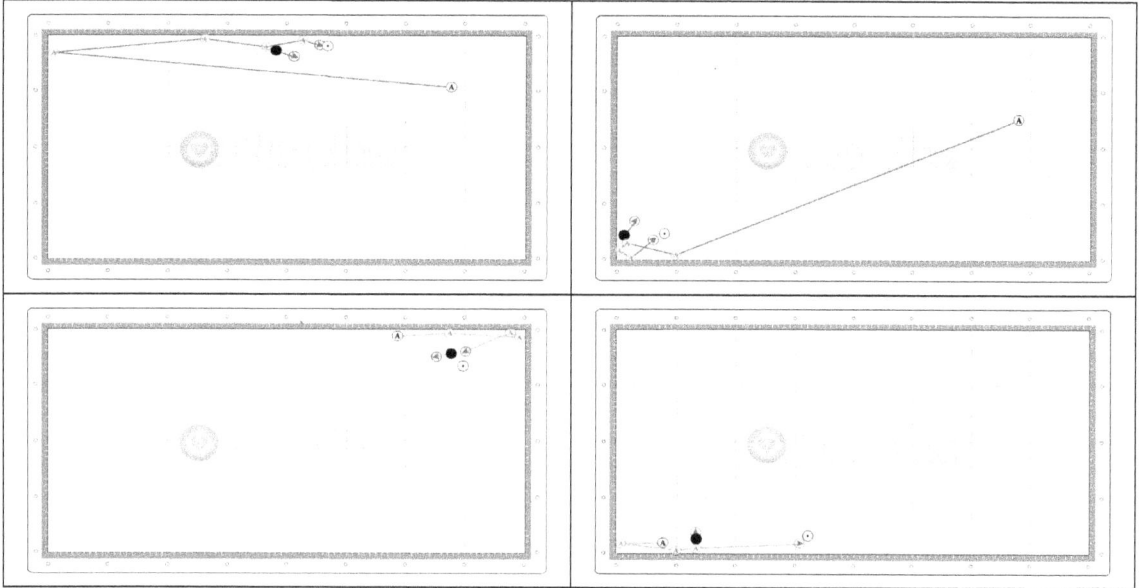

Analyse:

A:3a. _____

A:3b. _____

A:3c. _____

A:3d. _____

A:3a – Setup

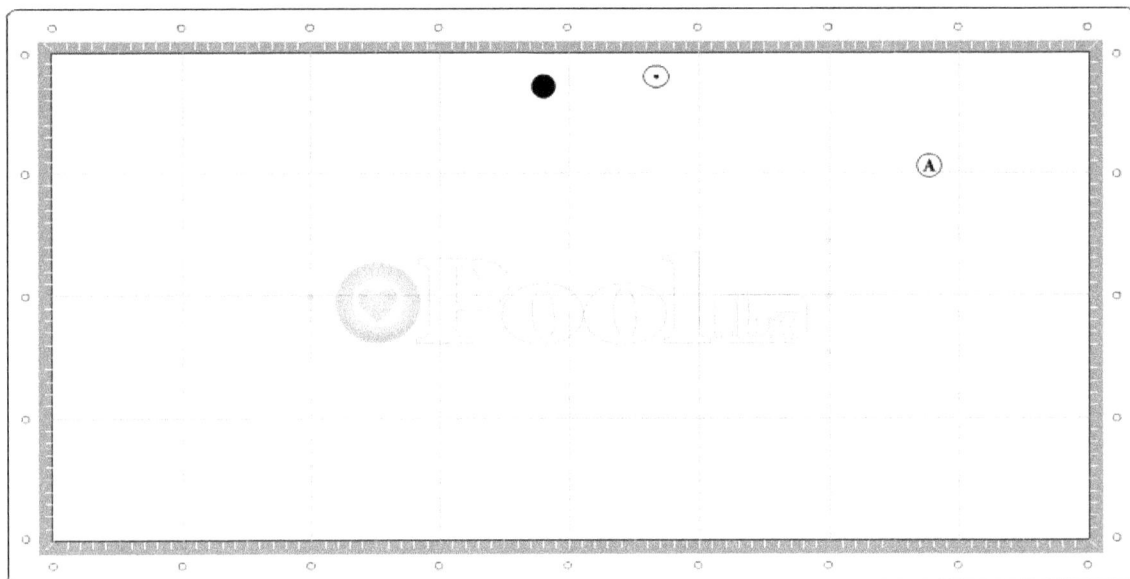

Noter og ideer:

Afspilning mønster

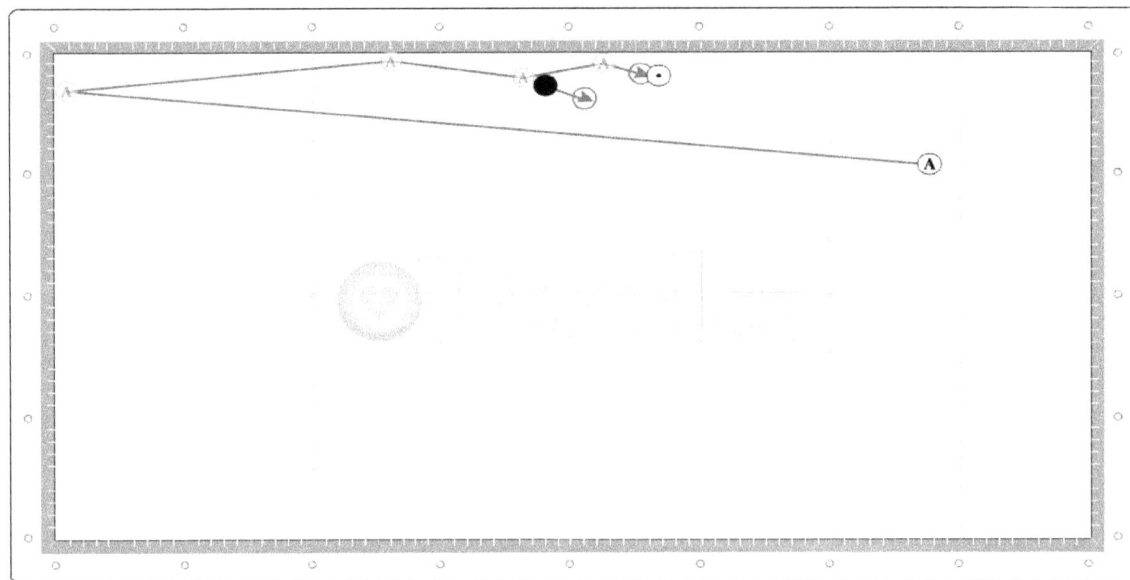

A:3b – Setup

Noter og ideer:

Afspilning mønster

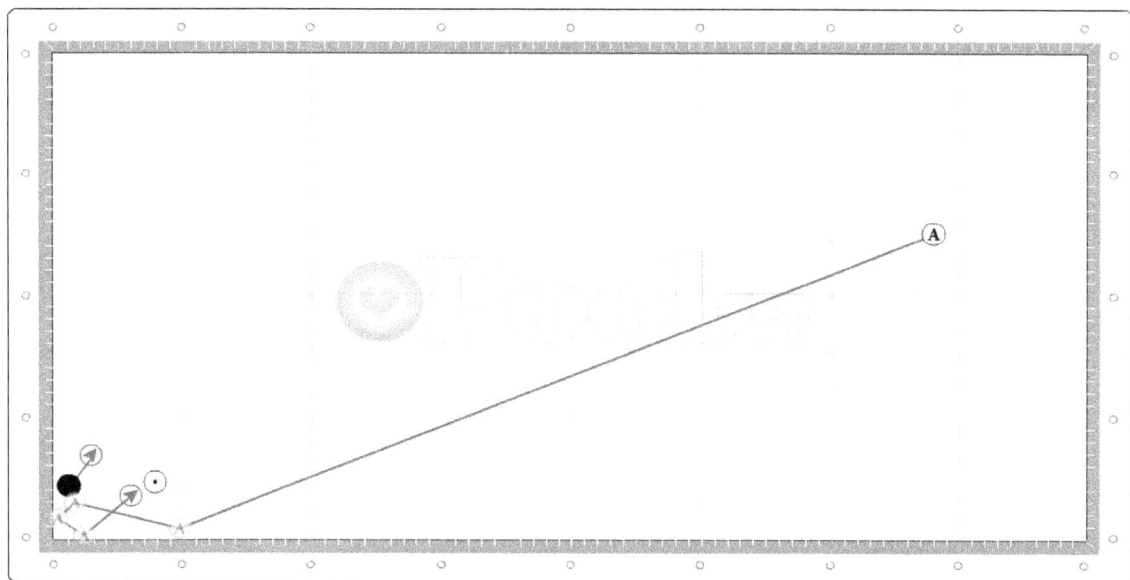

A:3c – Setup

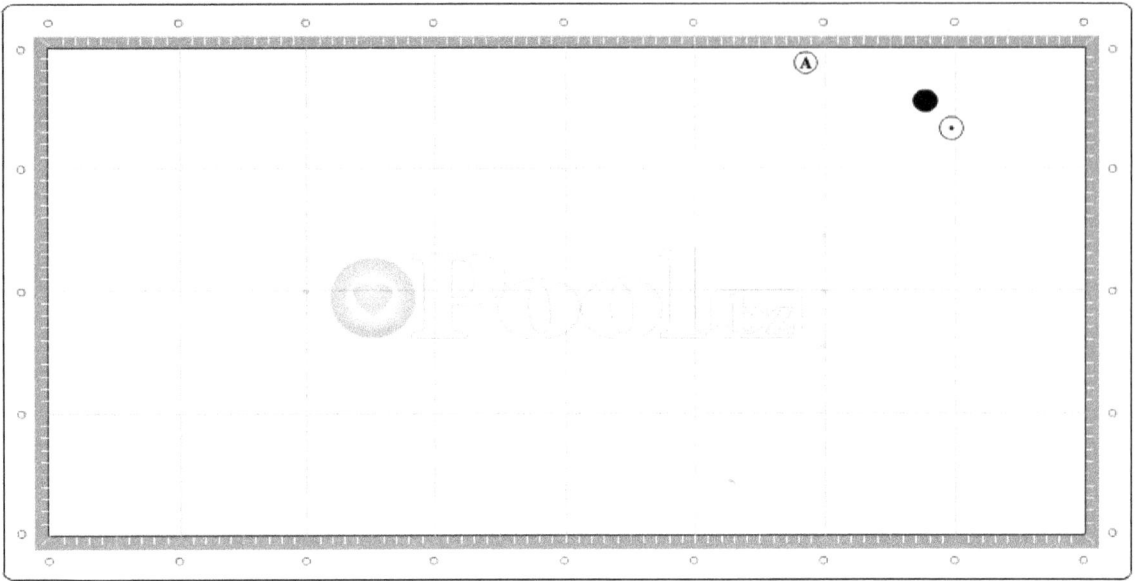

Noter og ideer:

Afspilning mønster

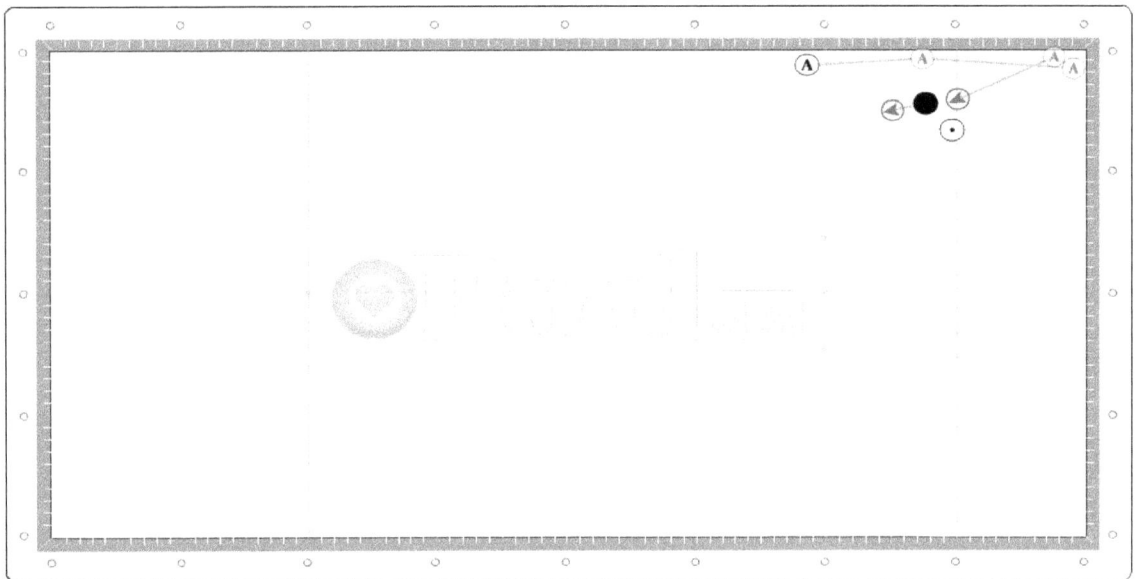

A:3d – Setup

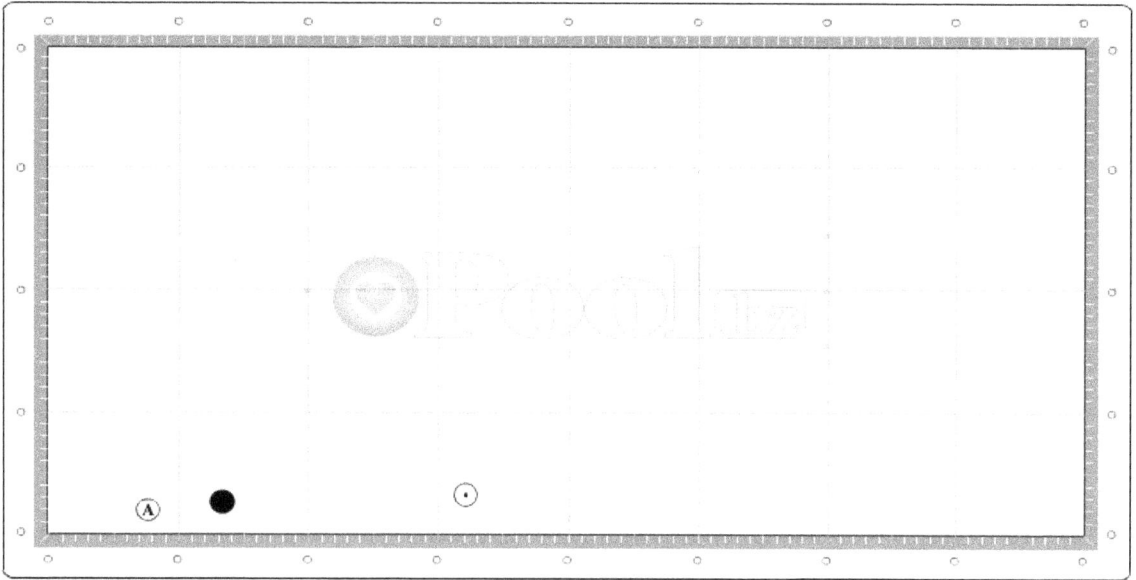

Noter og ideer:

Afspilning mønster

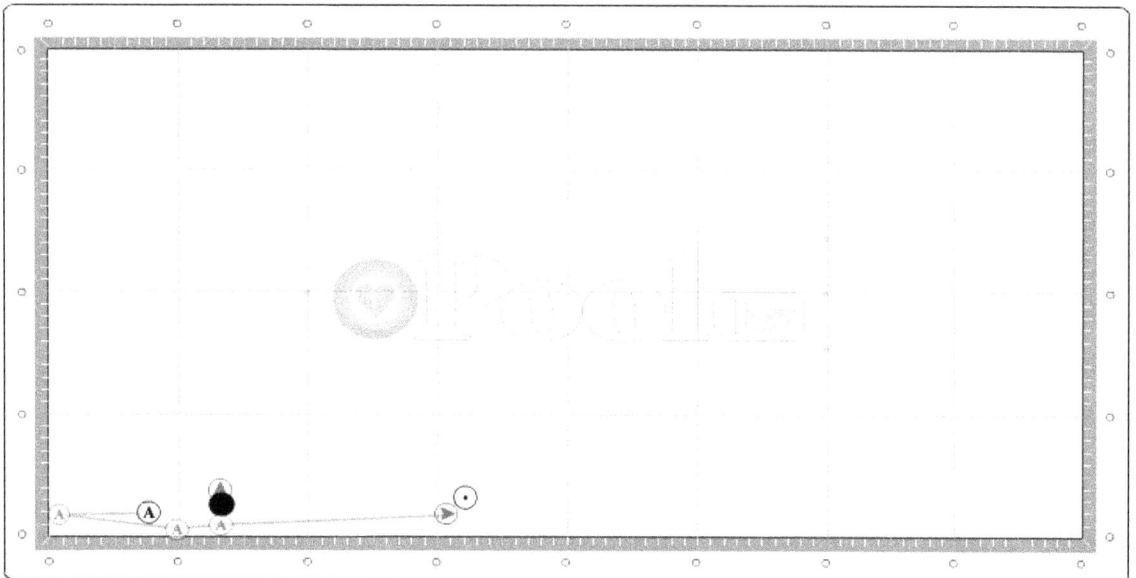

A: Gruppe 4

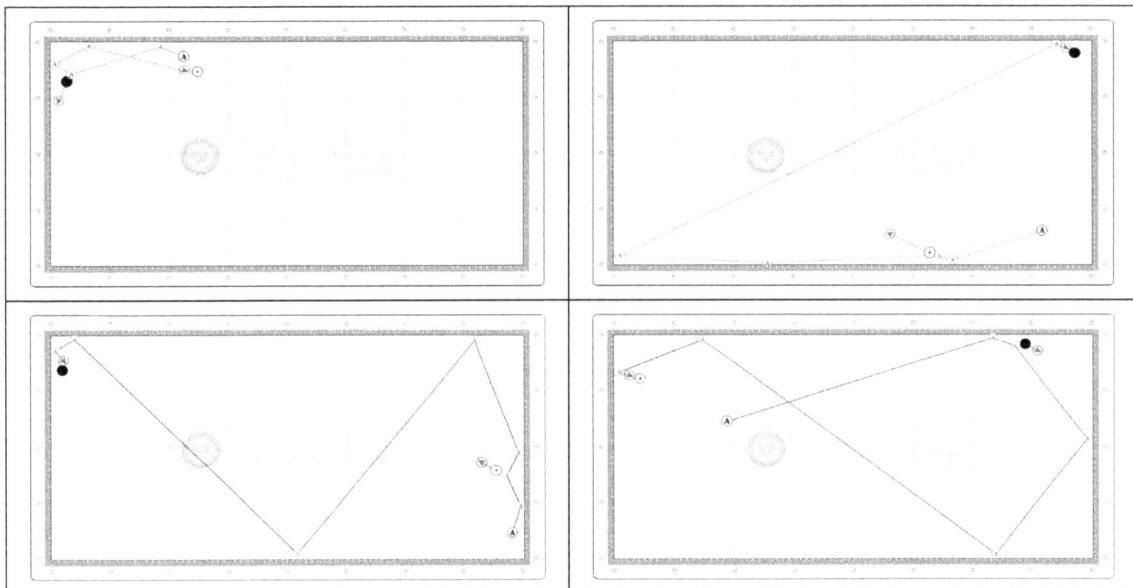

Analyse:

A:4a. _____

A:4b. _____

A:4c. _____

A:4d. _____

A:4a – Setup

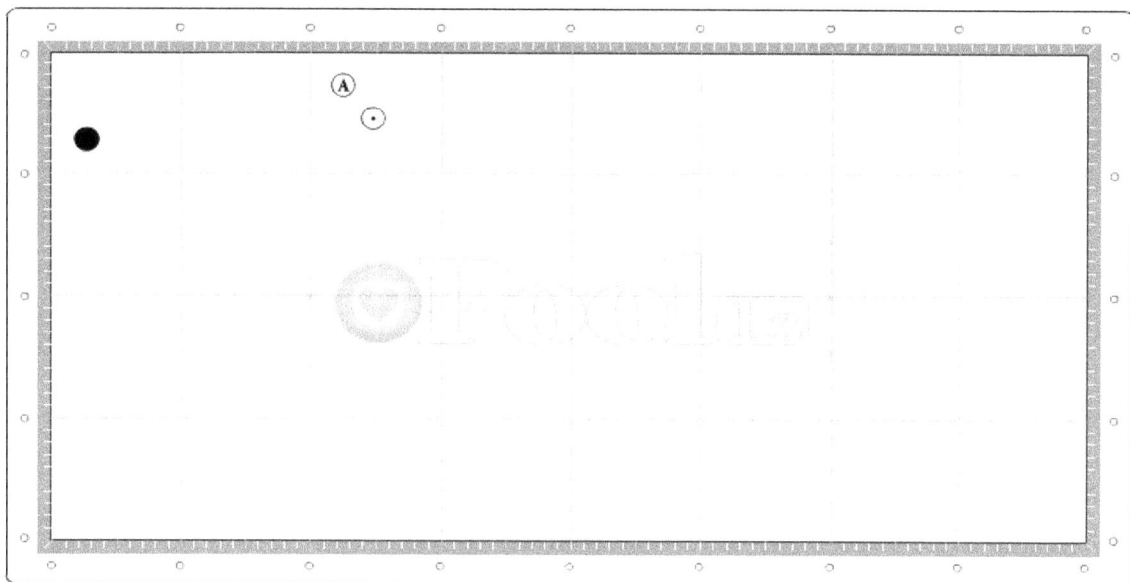

Noter og ideer:

Afspilning mønster

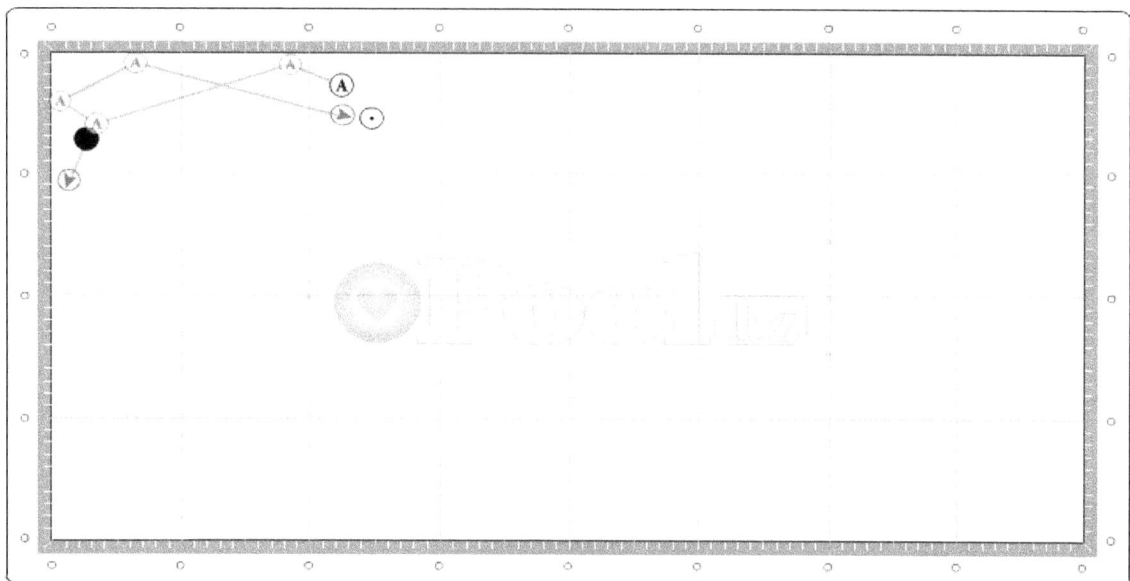

A:4b – Setup

Noter og ideer:

Afspilning mønster

A:4c – Setup

Noter og ideer:

Afspilning mønster

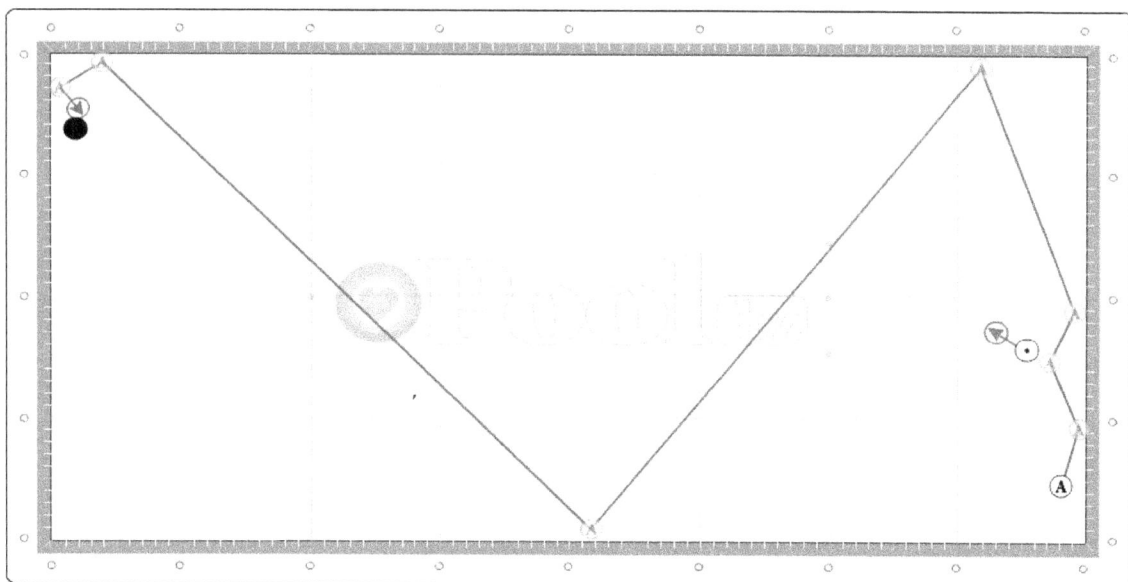

A:4d – Setup

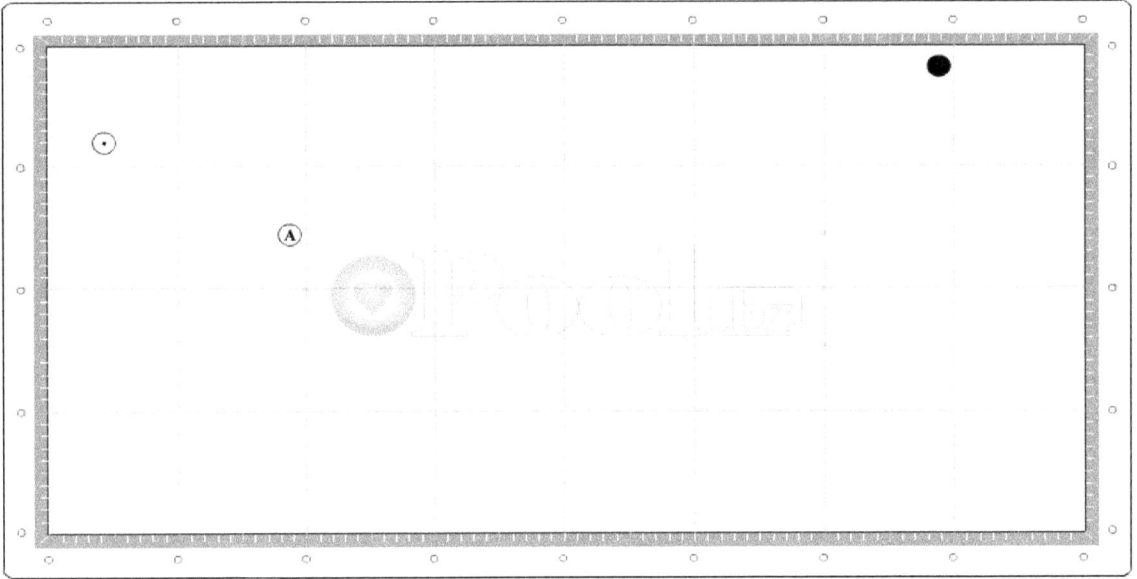

Noter og ideer:

Afspilning mønster

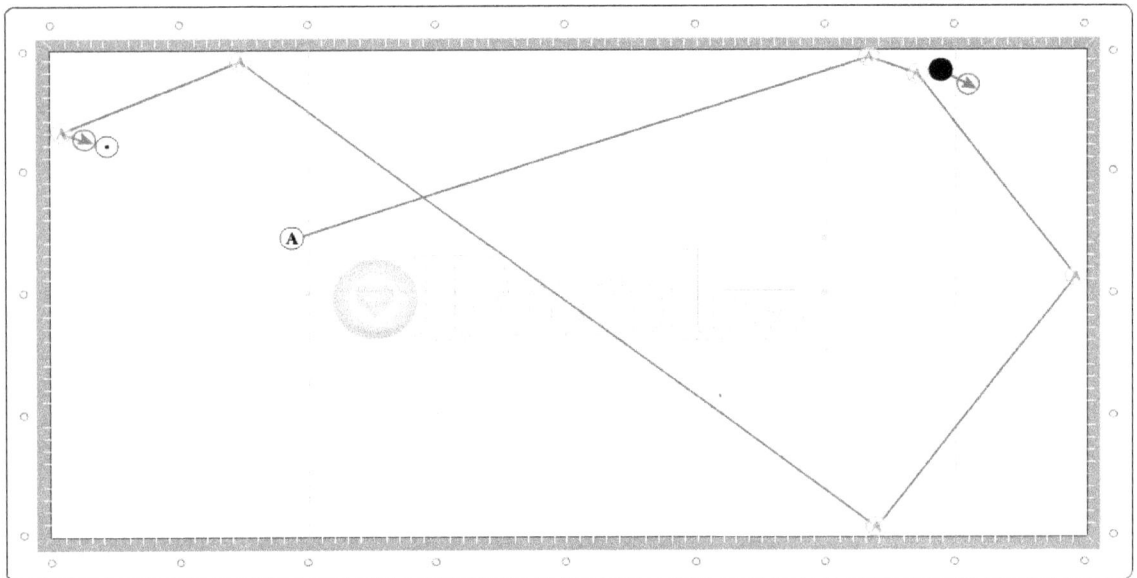

B: Op og ned på siden

Den (CB) bruger side spin til at gøre alle bande kontakter langs en bande.

(A) (CB) (din billardkugle) – (•) (OB) (modstander billardkugle) – ● (OB) (rød billardkugle)

B: Gruppe 1

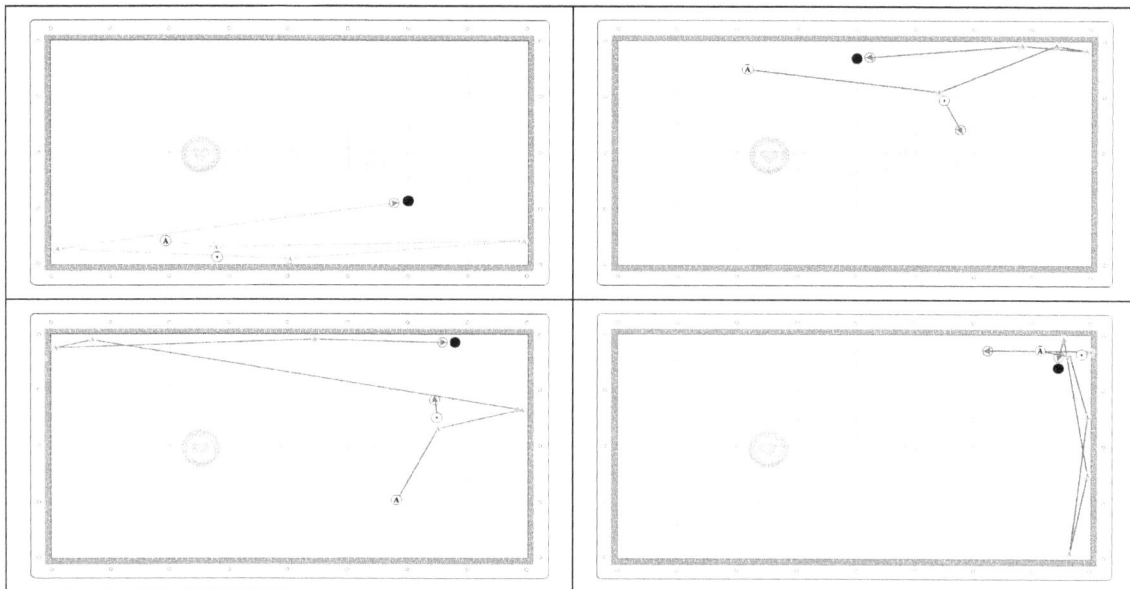

Analyse:

B:1a. _____

B:1b. _____

B:1c. _____

B:1d. _____

B:1a – Setup

Noter og ideer:

Afspilning mønster

B:1b – Setup

Noter og ideer:

Afspilning mønster

B:1c – Setup

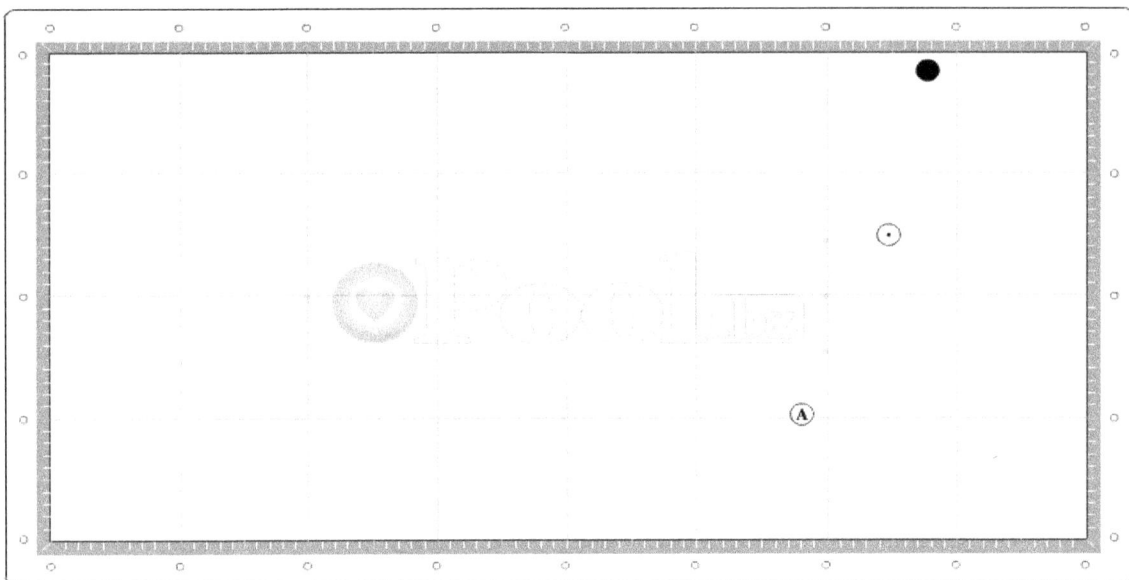

Noter og ideer:

Afspilning mønster

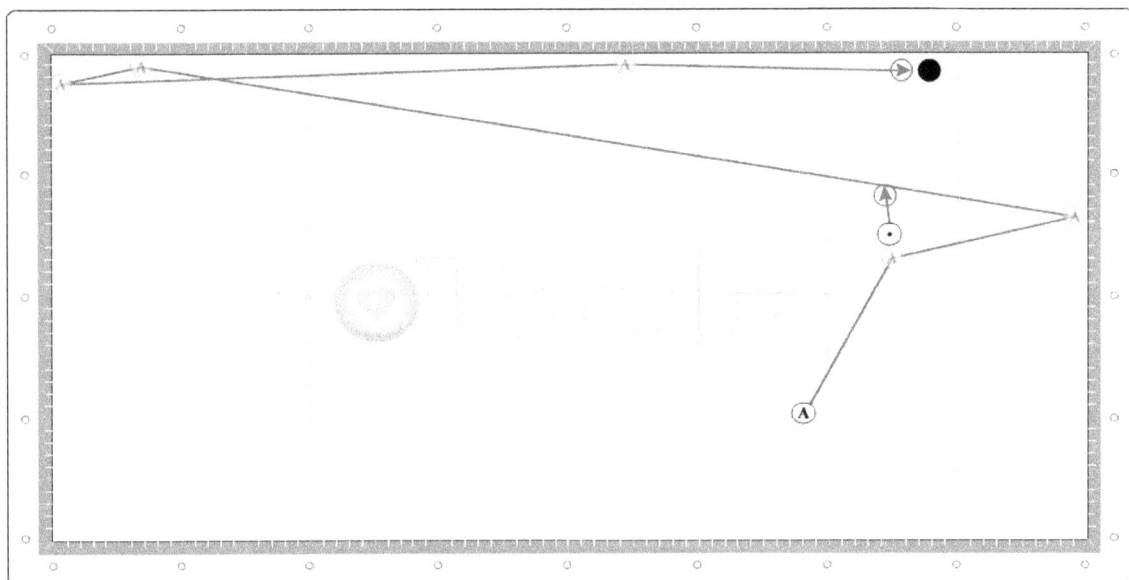

B:1d – Setup

Noter og ideer:

Afspilning mønster

B: Gruppe 2

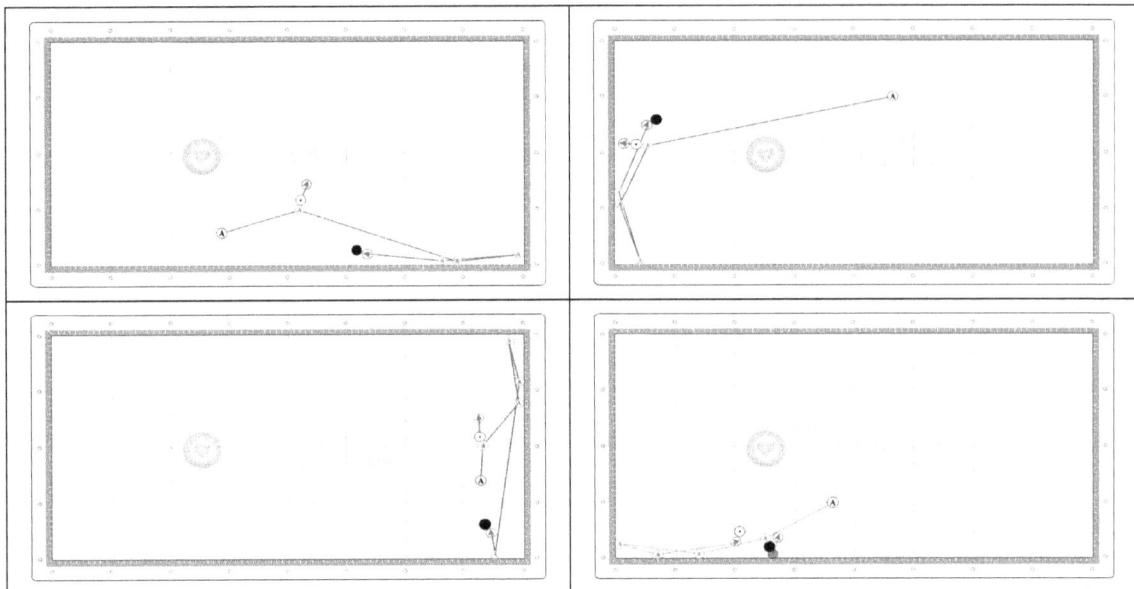

Analyse:

A:1a. _____

A:1b. _____

A:1c. _____

A:1d. _____

B:2a – Setup

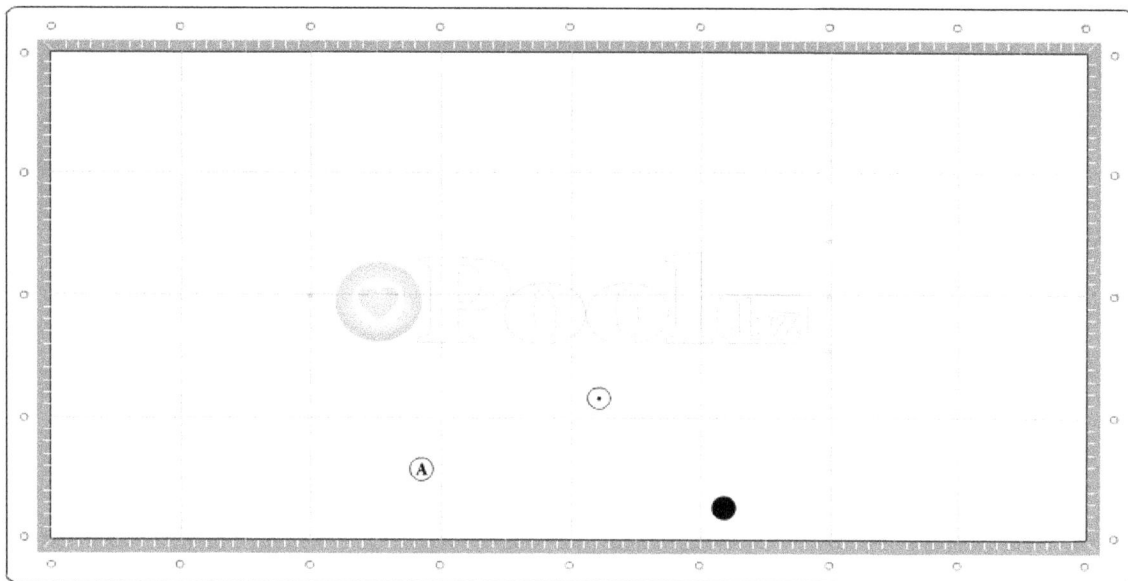

Noter og ideer:

Afspilning mønster

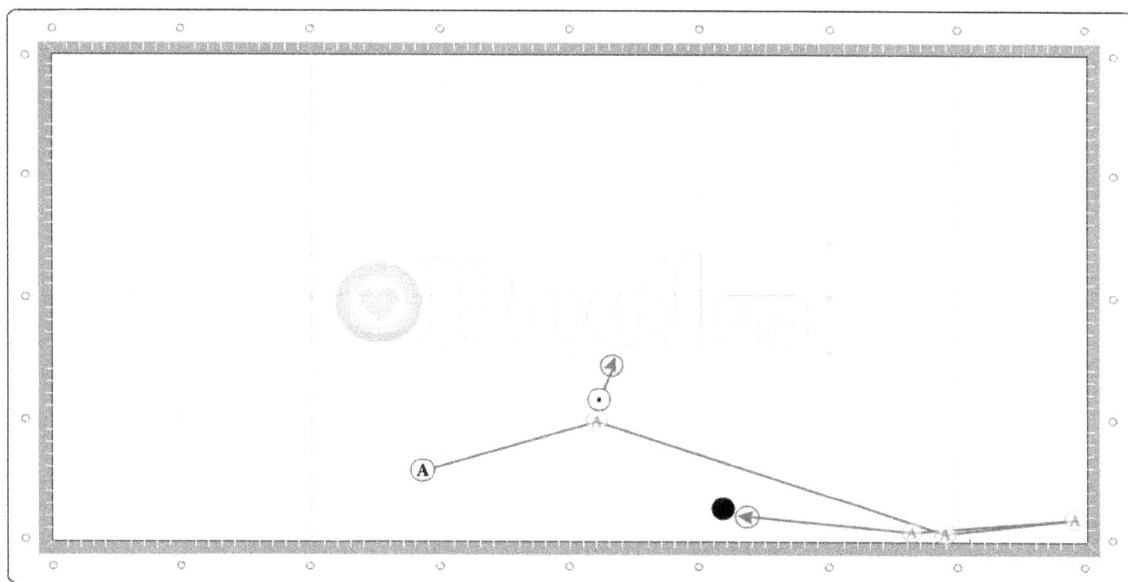

29

B:2b – Setup

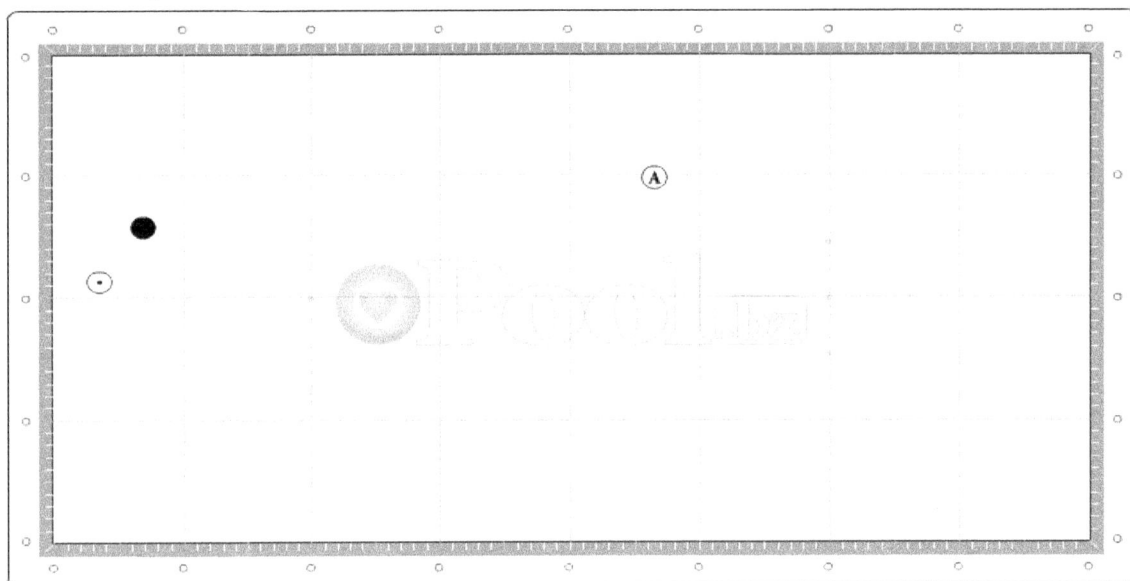

Noter og ideer:

Afspilning mønster

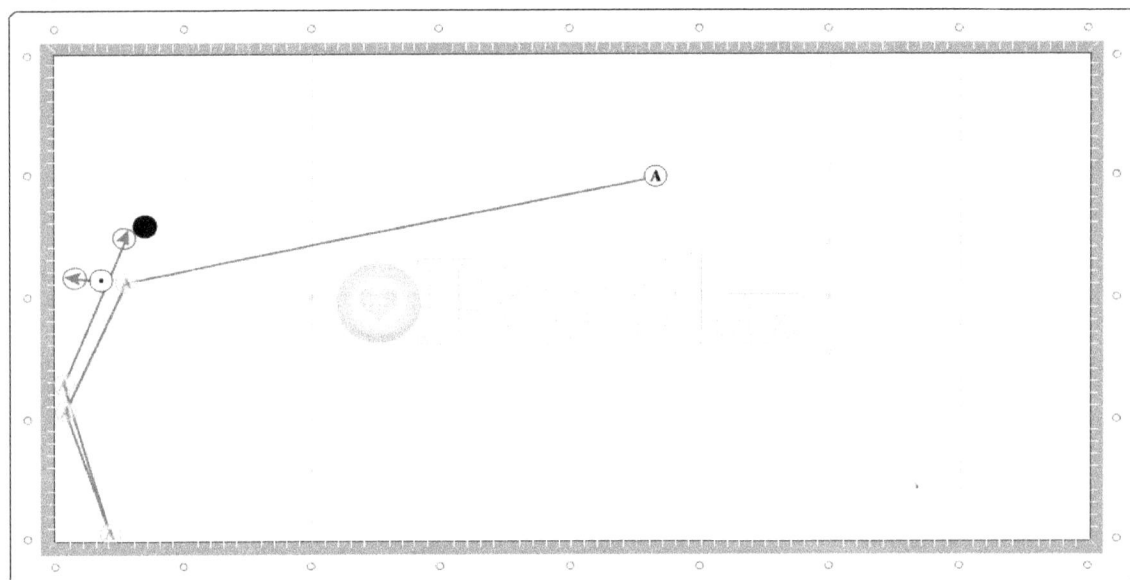

⌐:2c – Setup

Noter og ideer:

Afspilning mønster

B:2d – Setup

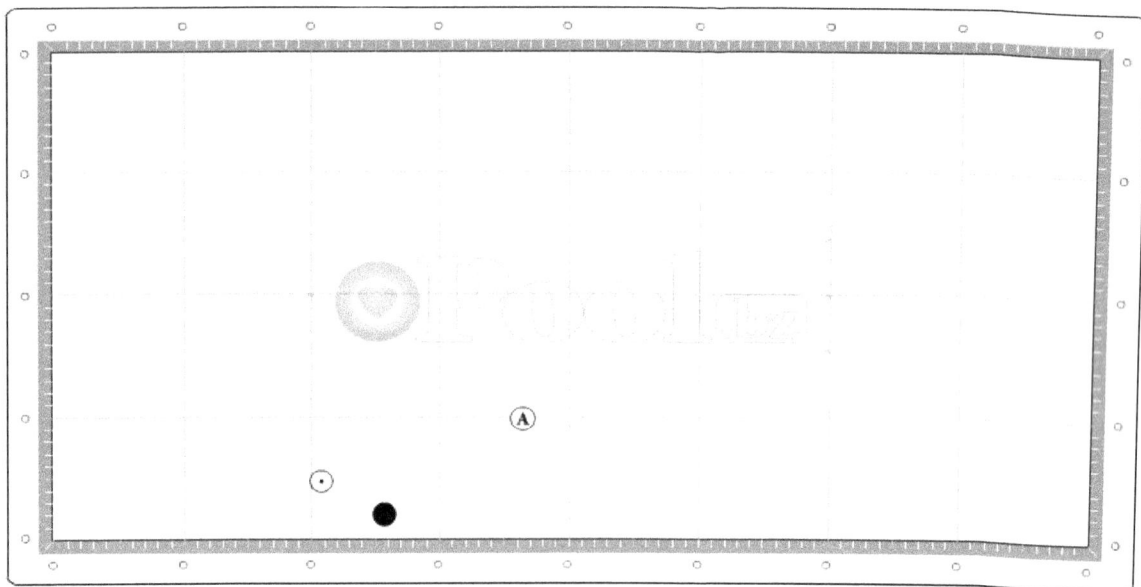

Noter og ideer:

Afspilning mønster

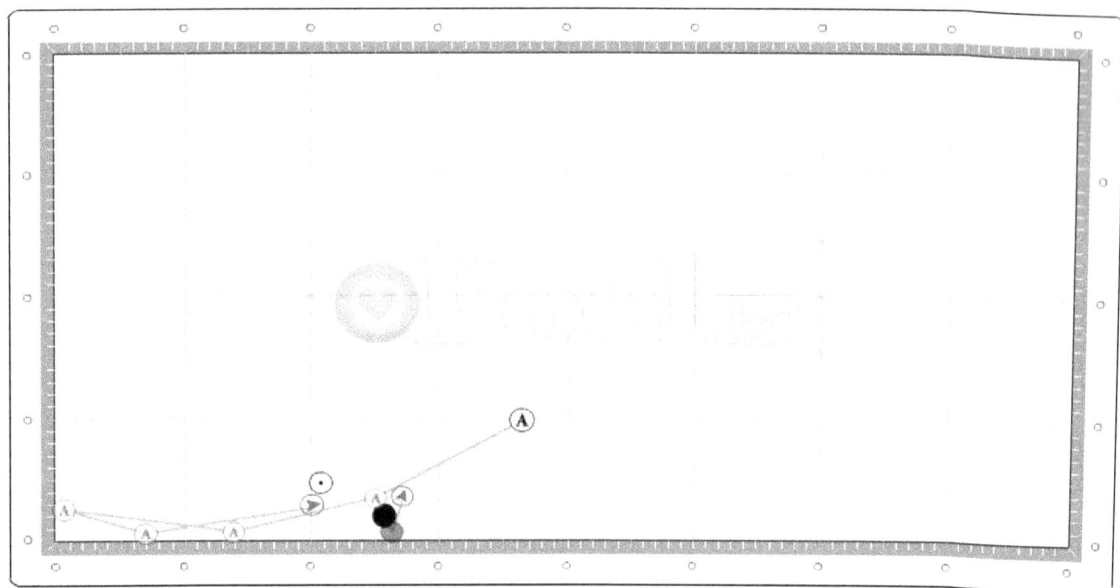

B: Gruppe 3

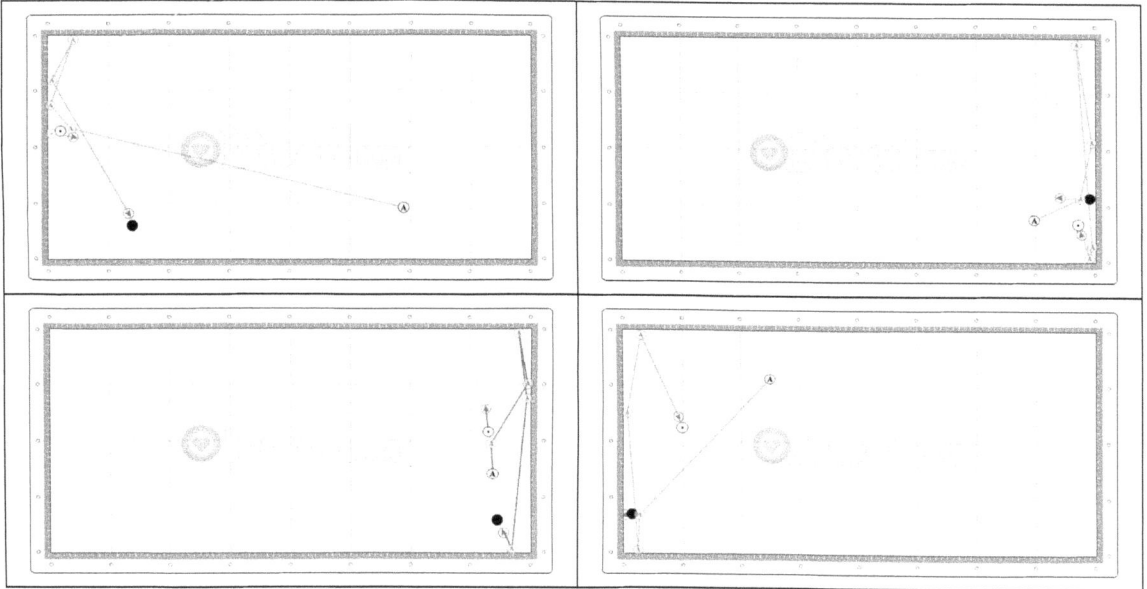

Analyse:

B:3a. _____

B:3b. _____

B:3c. _____

B:3d. _____

B:3a – Setup

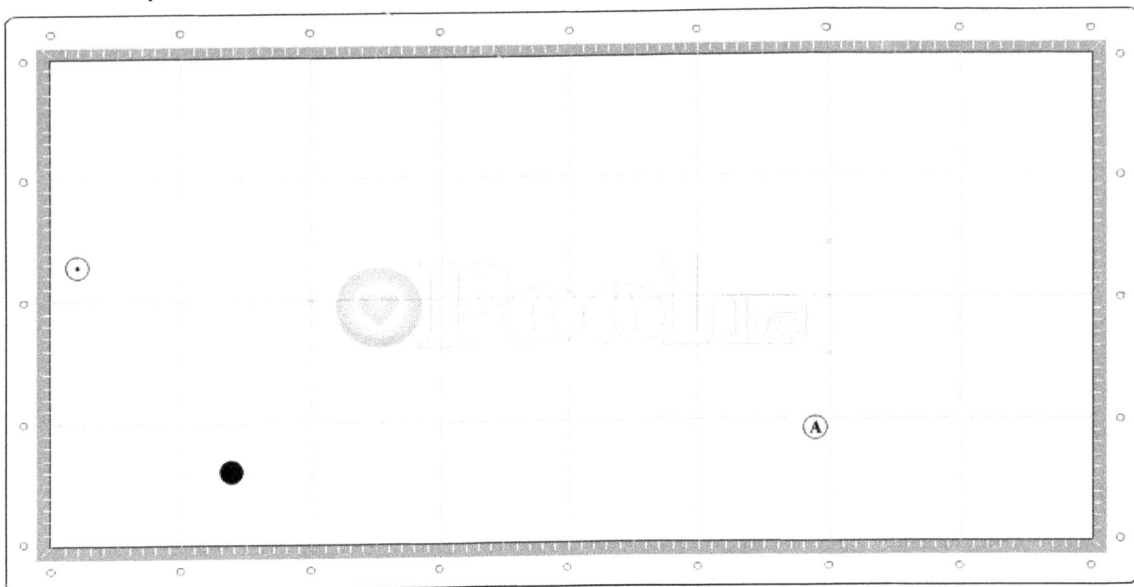

Noter og ideer:

Afspilning mønster

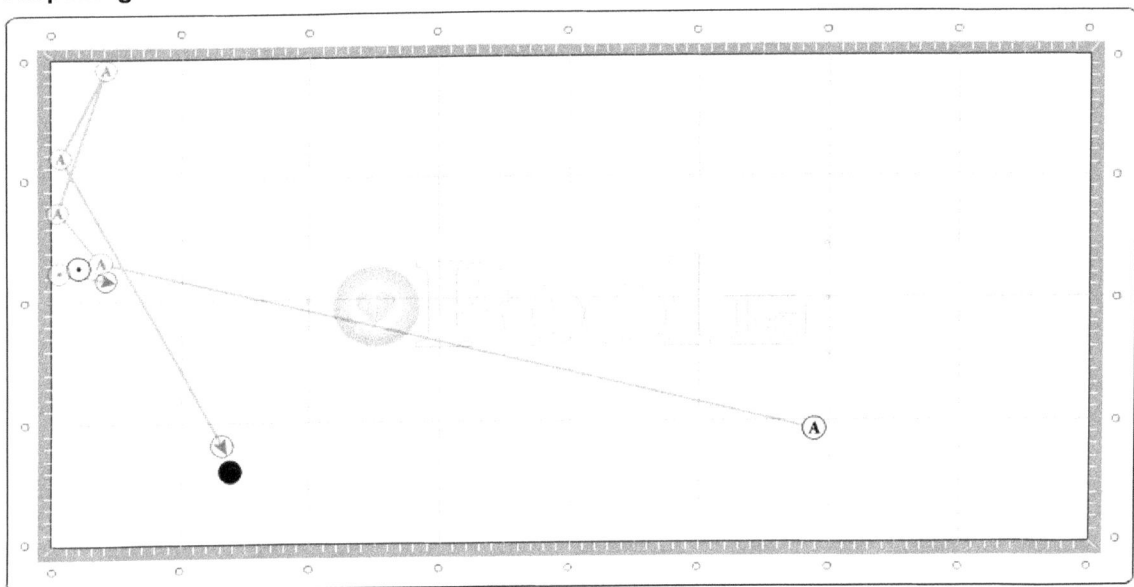

B:3b – Setup

Noter og ideer:

Afspilning mønster

B:3c – Setup

Noter og ideer:

Afspilning mønster

B:3d – Setup

Noter og ideer:

Afspilning mønster

B: Gruppe 4

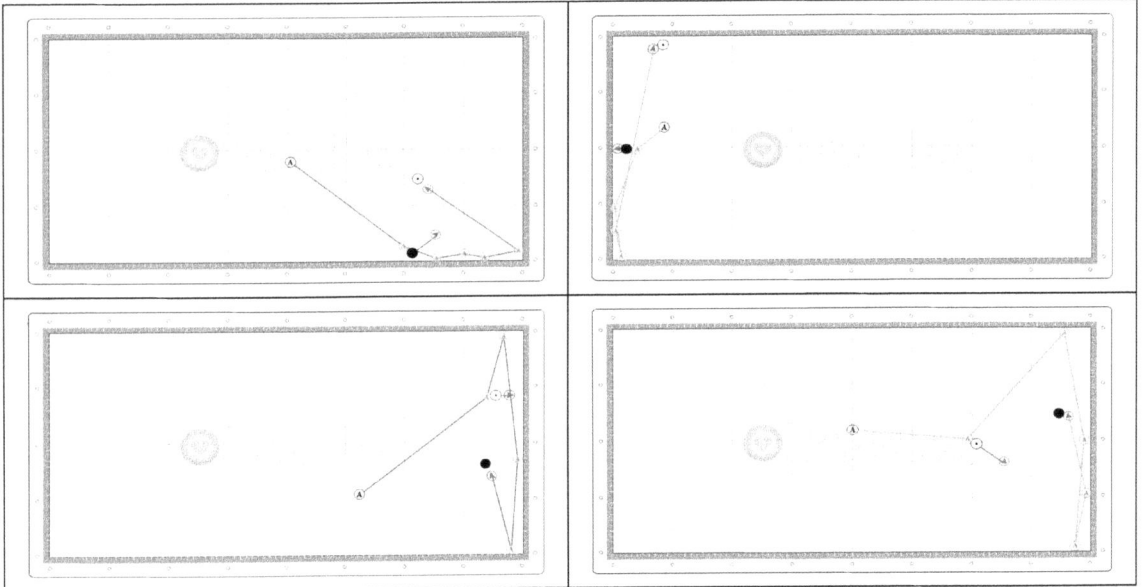

Analyse:

B:4a. _____

B:4b. _____

B:4c. _____

B:4d. _____

B:4a – Setup

Noter og ideer:

Afspilning mønster

B:4b – Setup

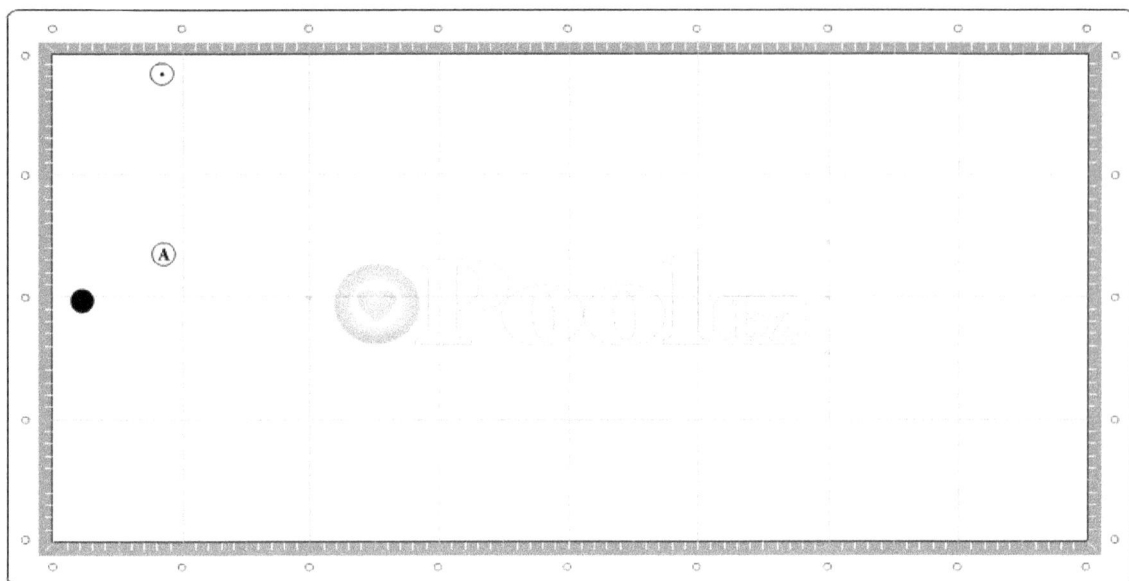

Noter og ideer:

Afspilning mønster

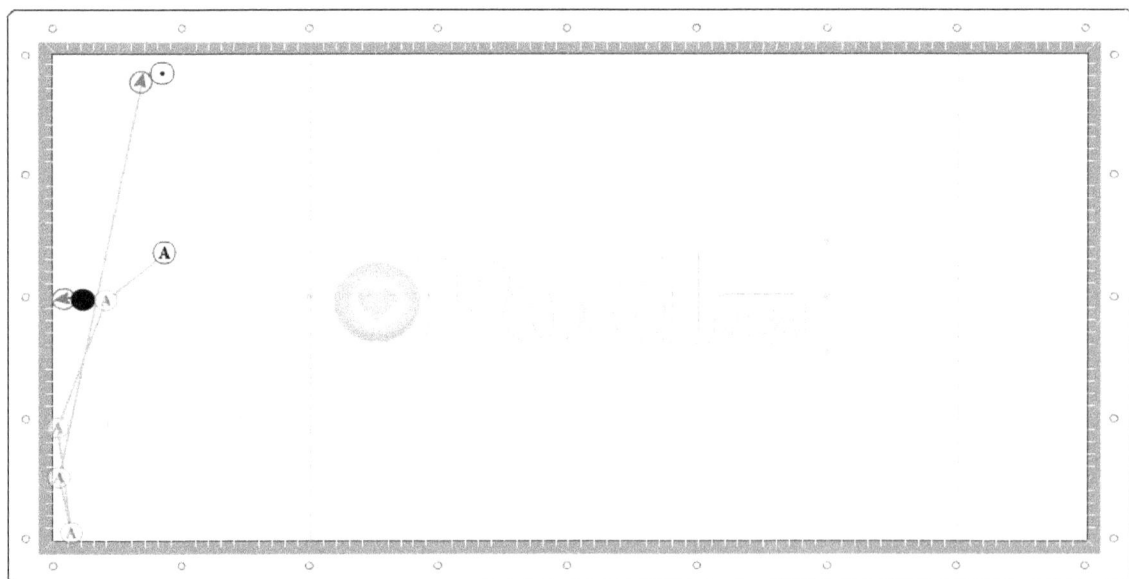

B:4c – Setup

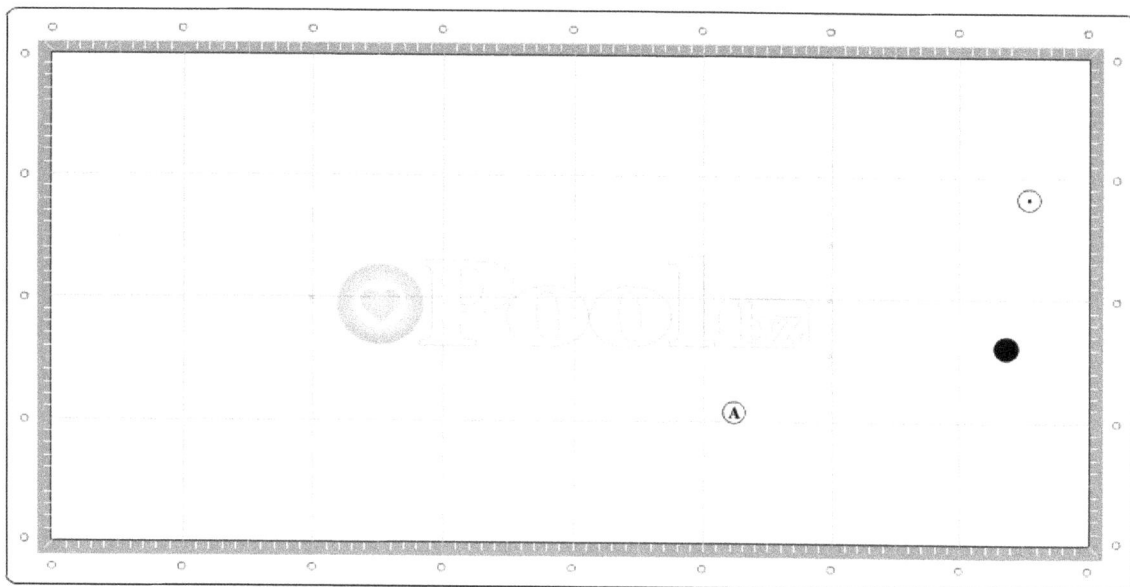

Noter og ideer:

Afspilning mønster

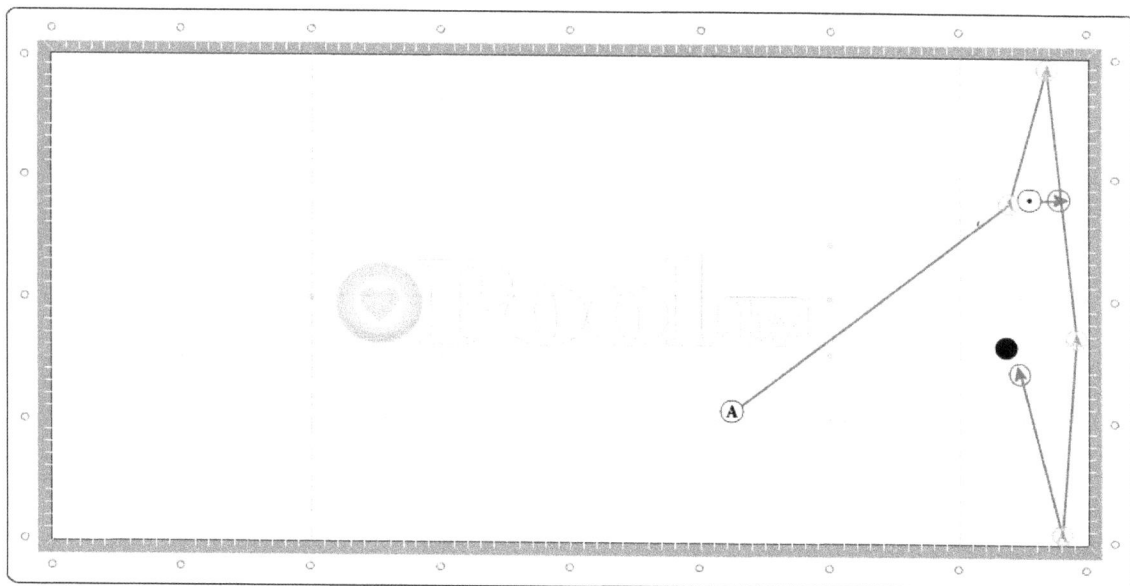

B:4d – Setup

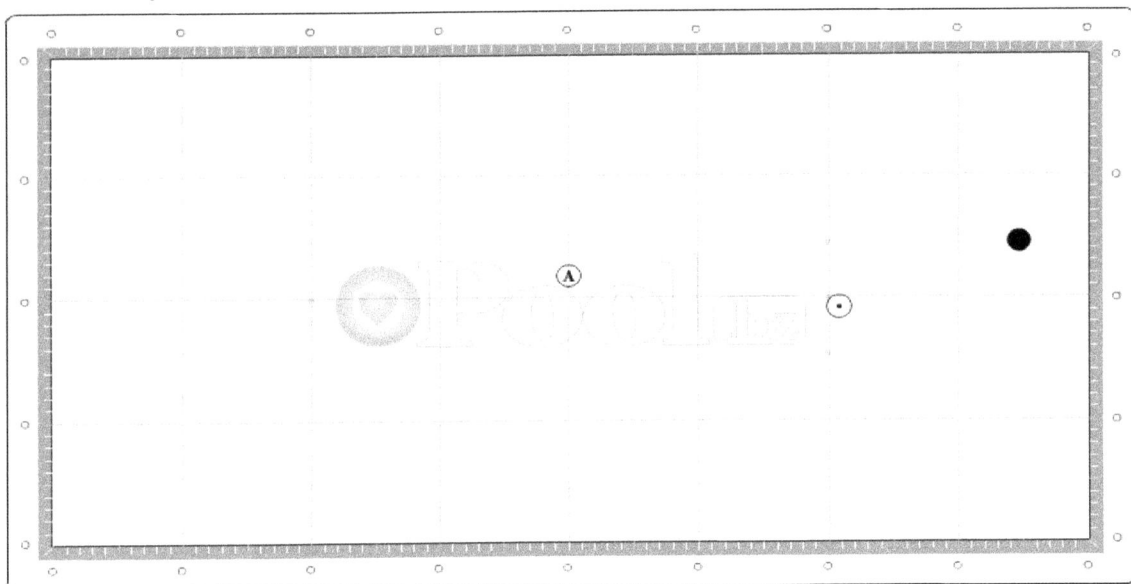

Noter og ideer:

Afspilning mønster

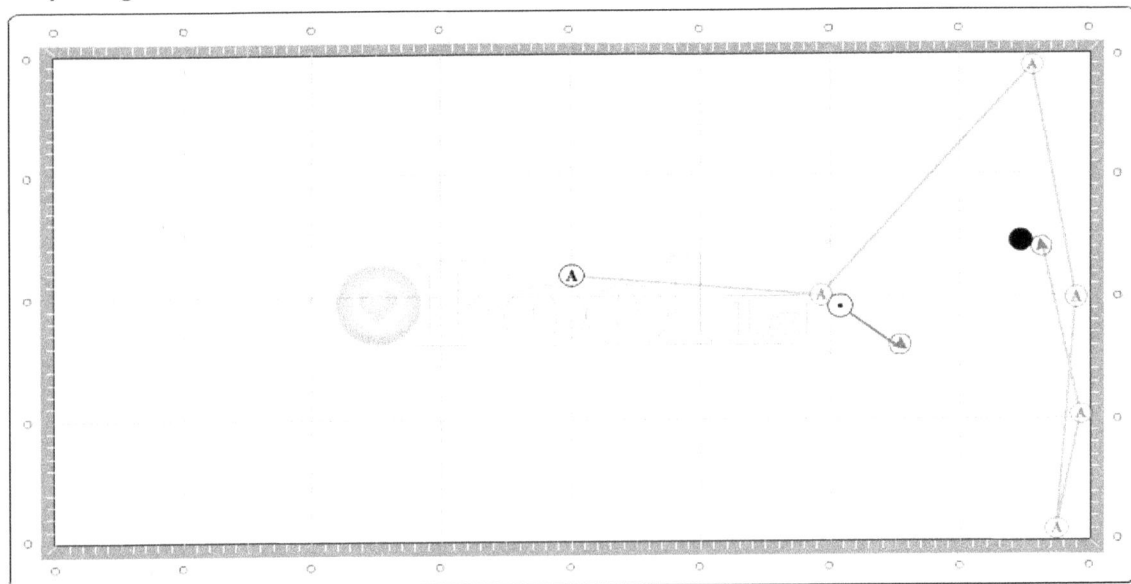

C: Zigging og zagging

Den (CB) er nødt til at rejse frem og tilbage, side til side, mange gange. Det er meget sjovt at eksperimentere.

Ⓐ (CB) (din billardkugle) – ⊙ (OB) (modstander billardkugle) – ⬤ (OB) (rød billardkugle)

C: Gruppe 1

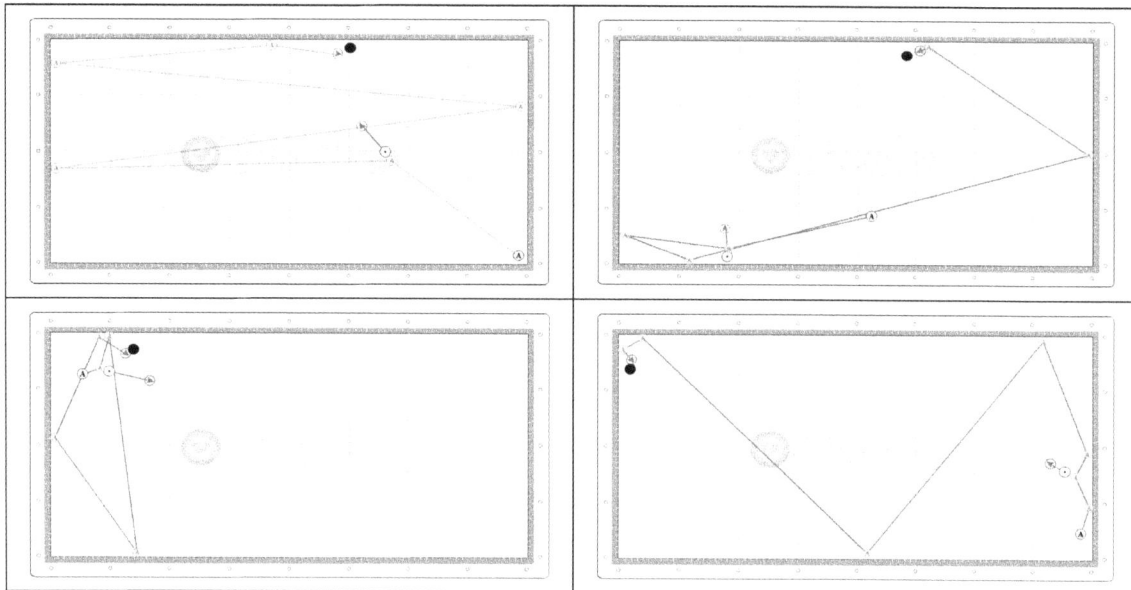

Analyse:

C:1a. _____

C:1b. _____

C:1c. _____

C:1d. _____

C:1a – Setup

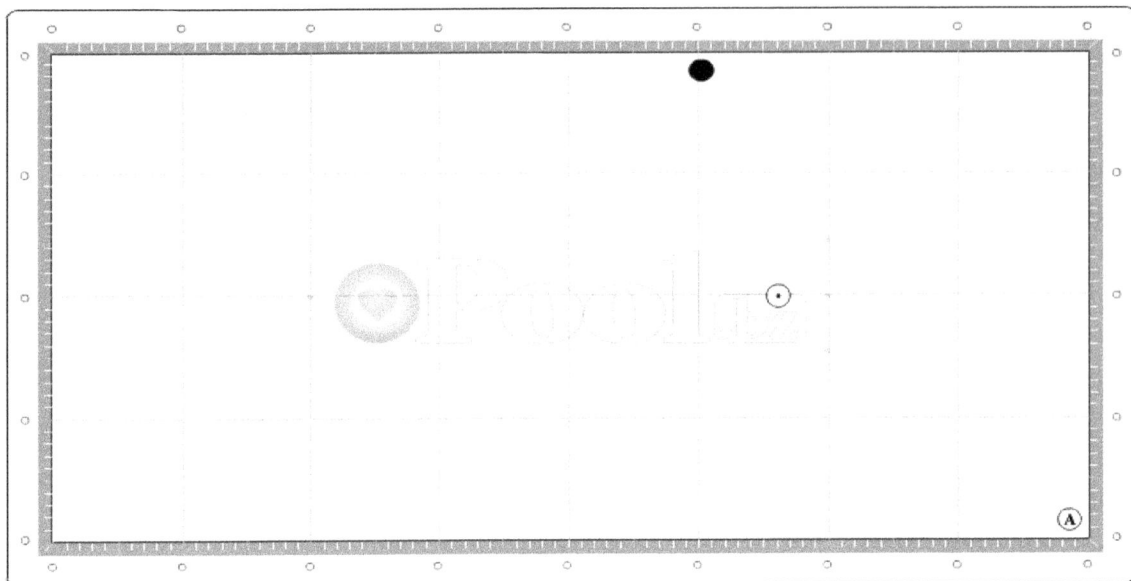

Noter og ideer:

Afspilning mønster

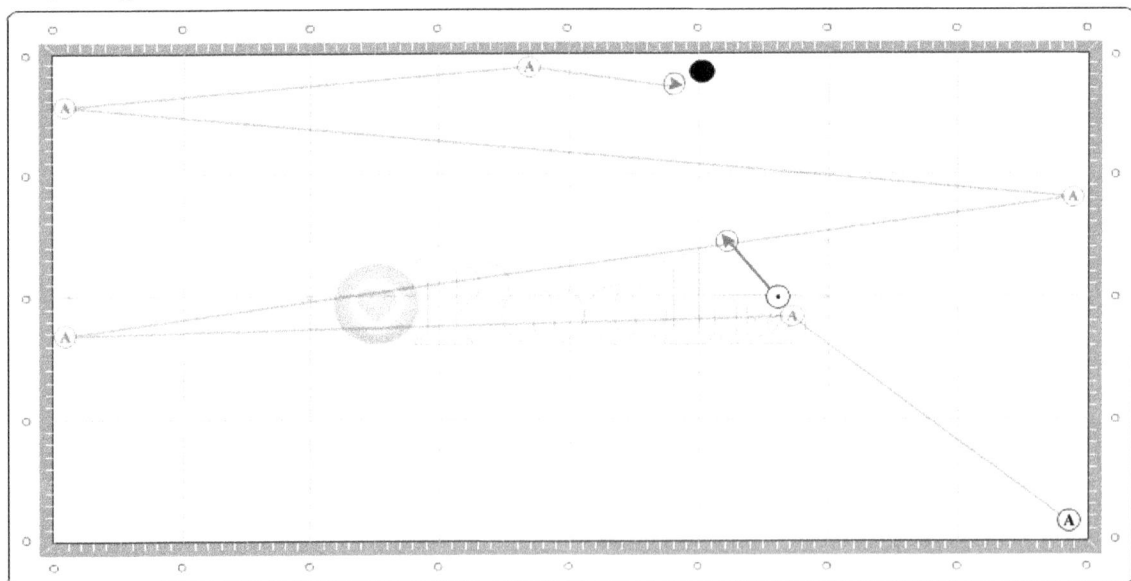

C:1b – Setup

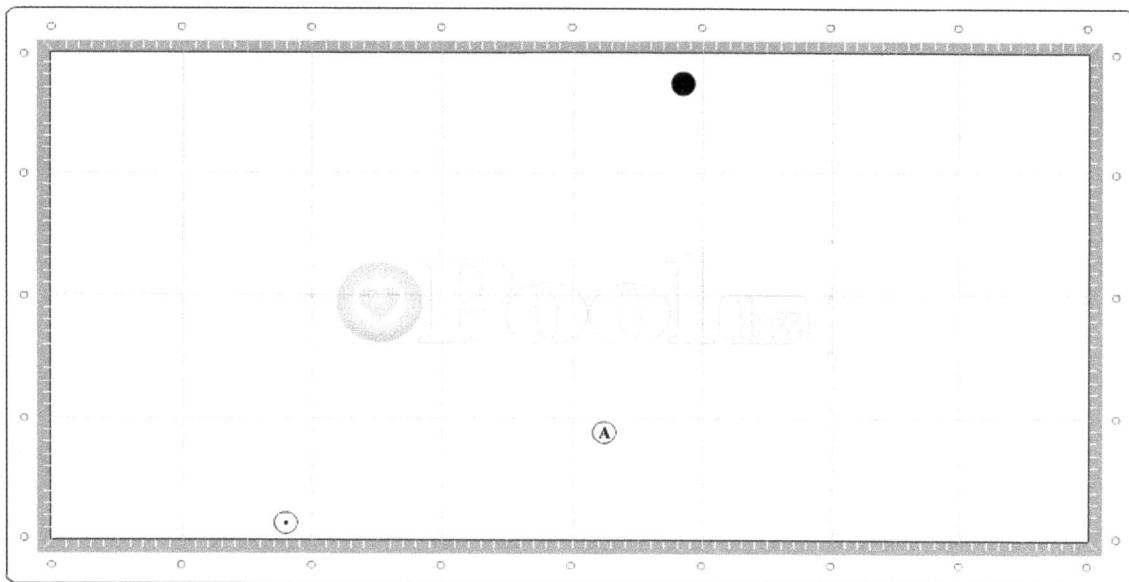

Noter og ideer:

Afspilning mønster

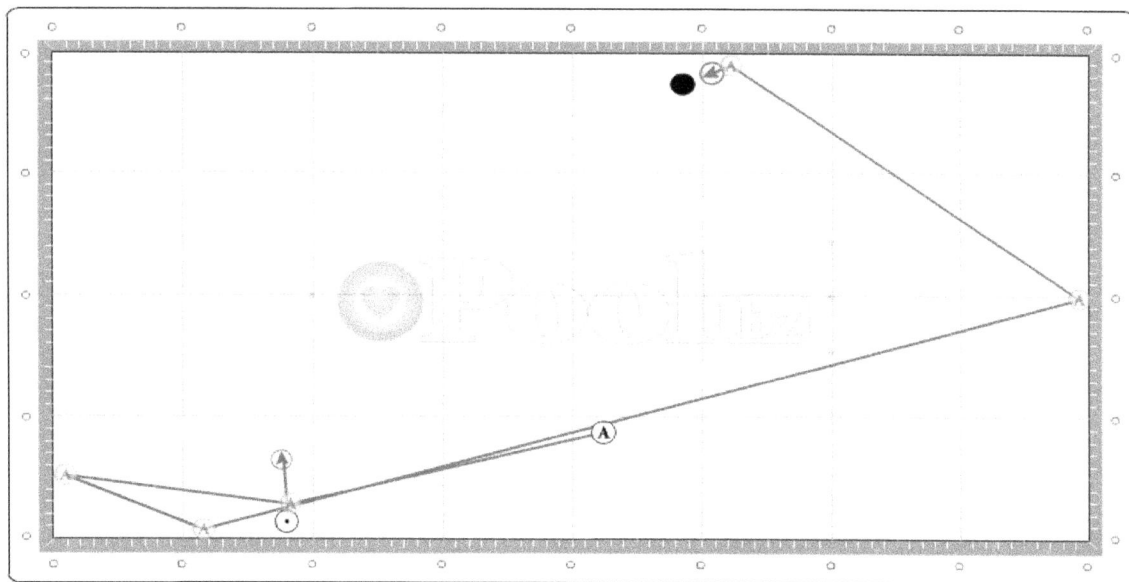

C:1c – Setup

Noter og ideer:

Afspilning mønster

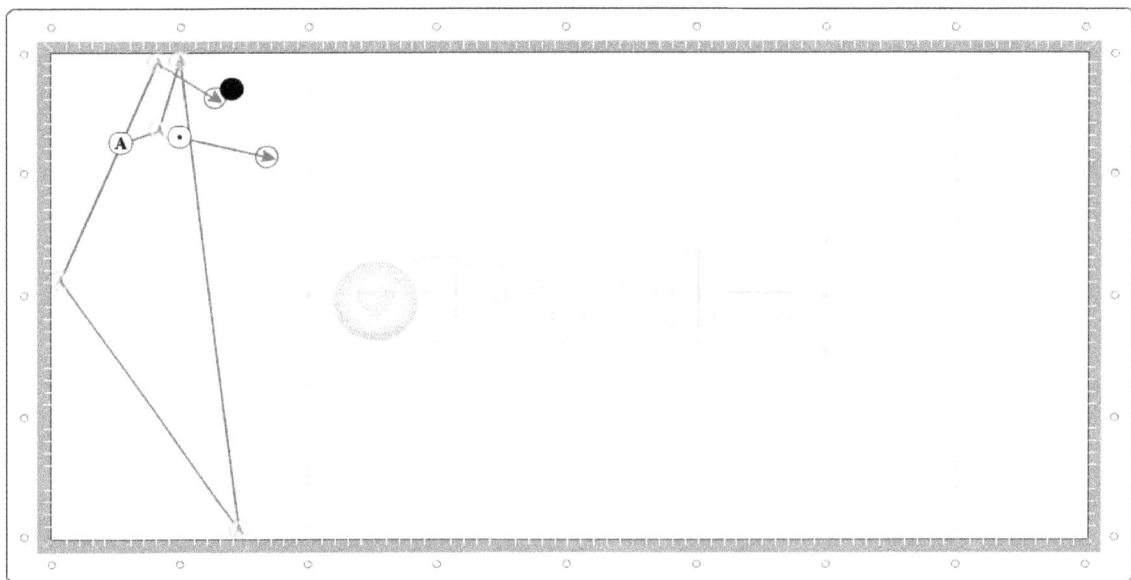

C:1d – Setup

Noter og ideer:

Afspilning mønster

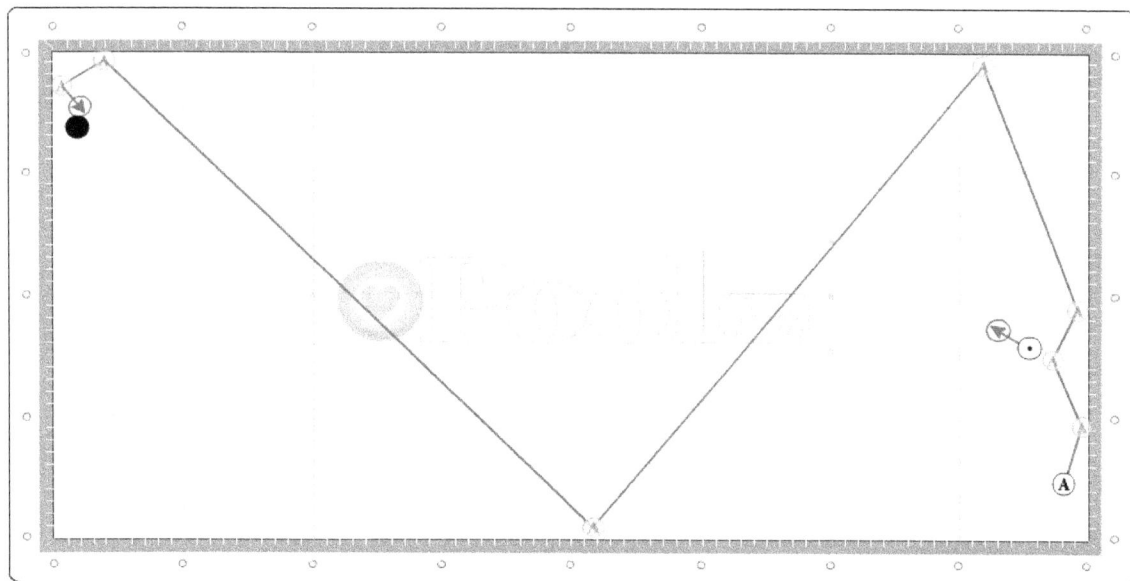

C: Gruppe 2

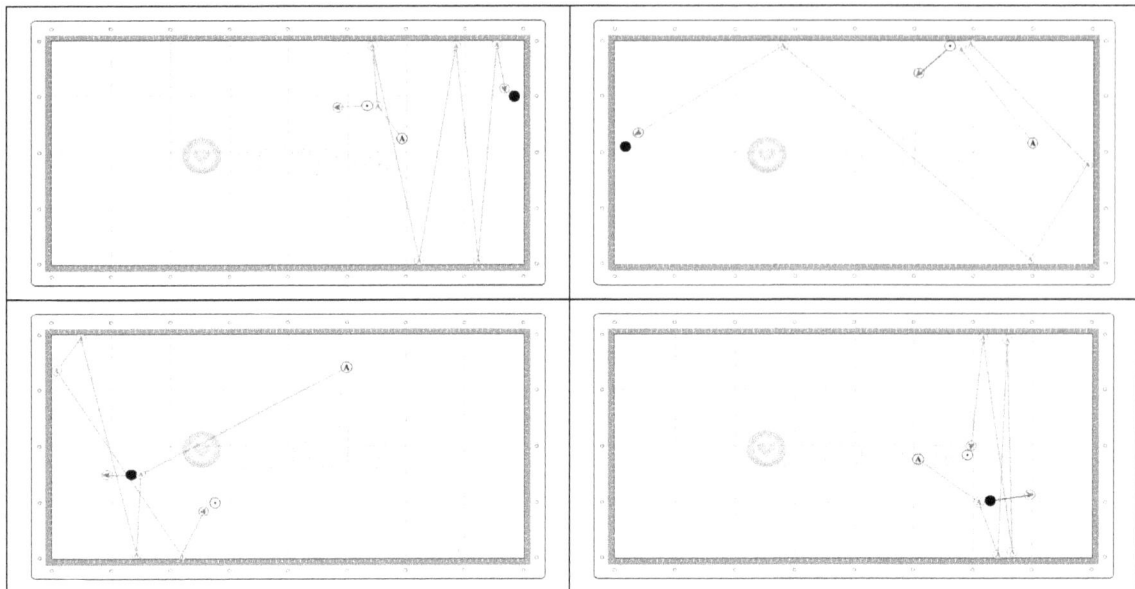

Analyse:

C:2a. _____

C:2b. _____

C:2c. _____

C:2d. _____

C:2a – Setup

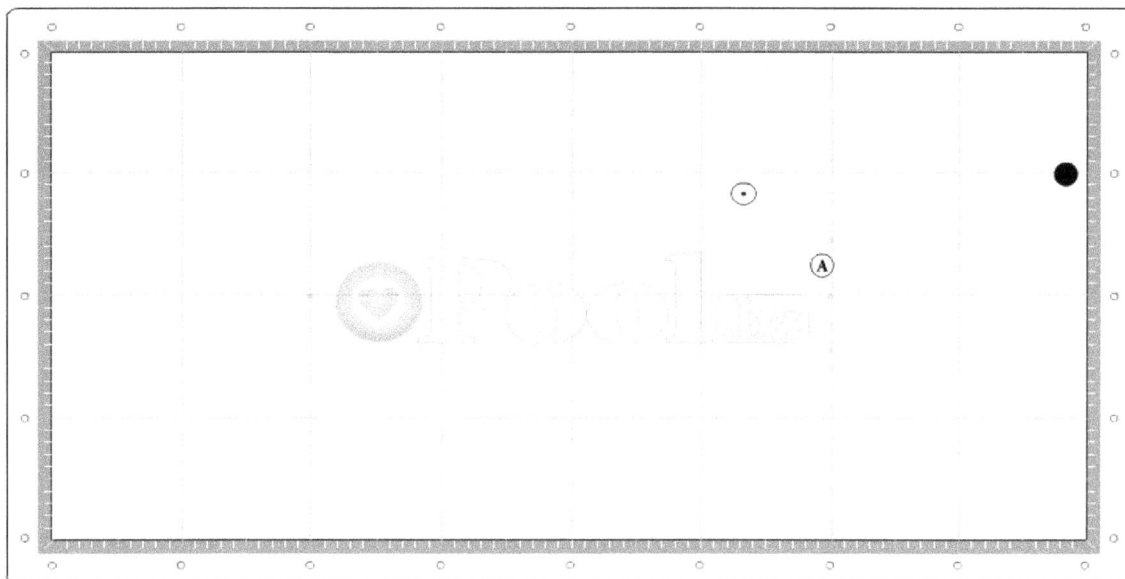

Noter og ideer:

Afspilning mønster

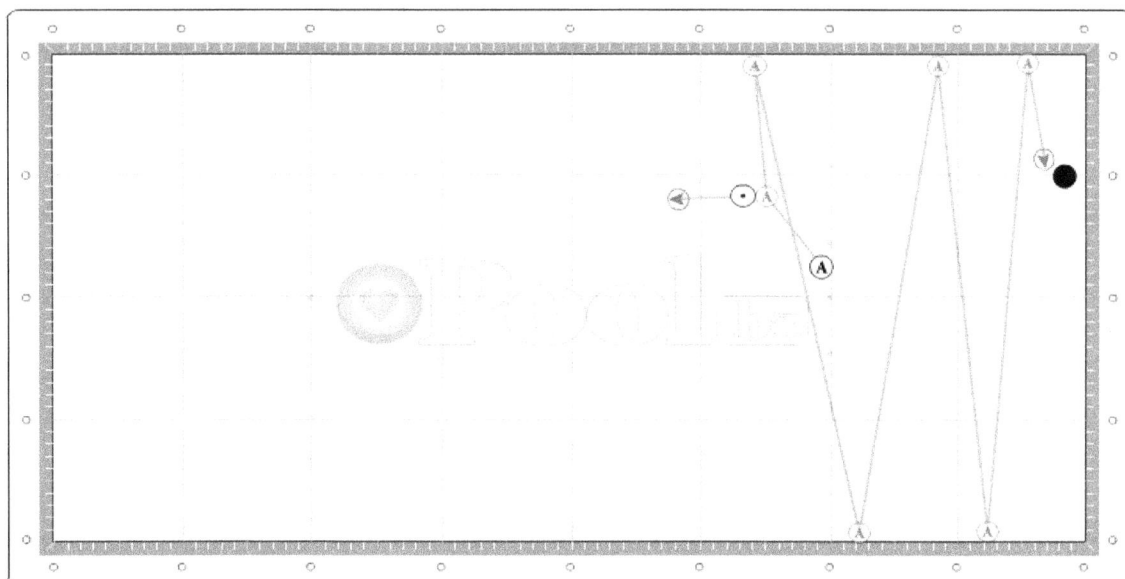

C:2b – Setup

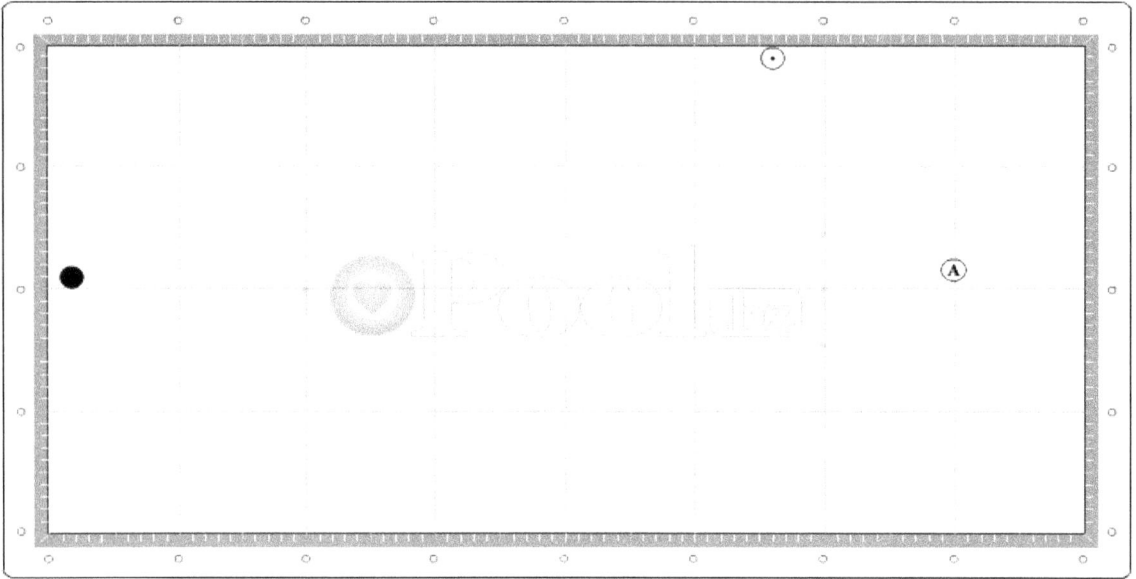

Noter og ideer:

Afspilning mønster

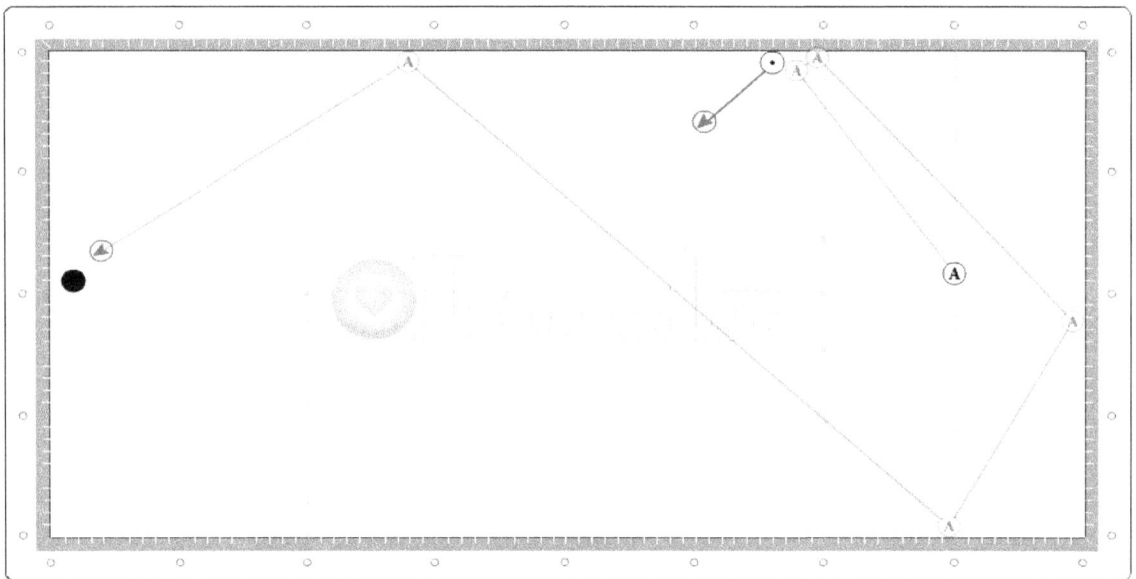

C:2c – Setup

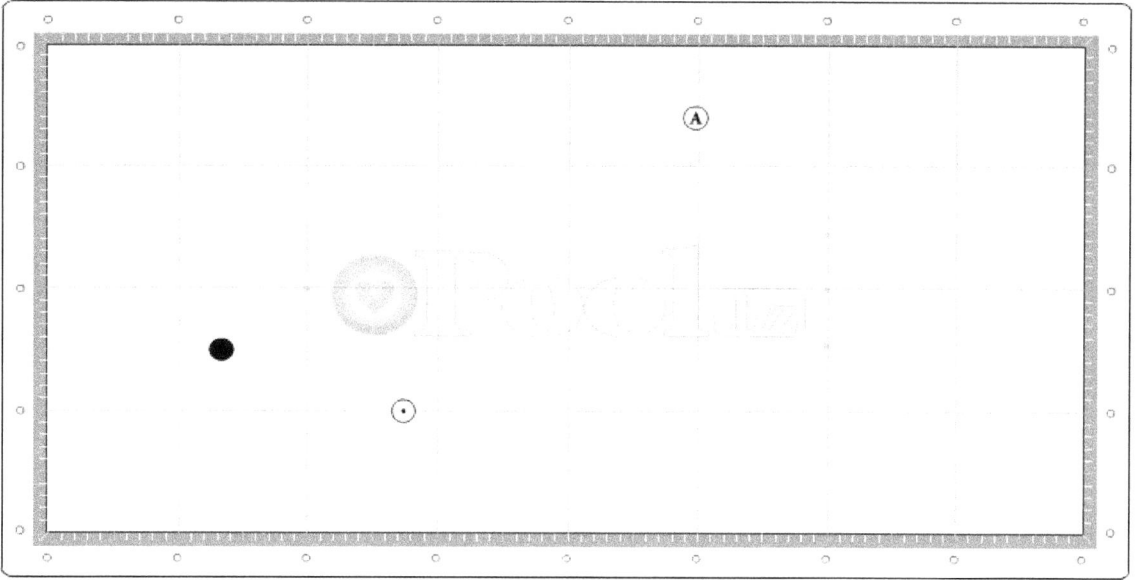

Noter og ideer:

Afspilning mønster

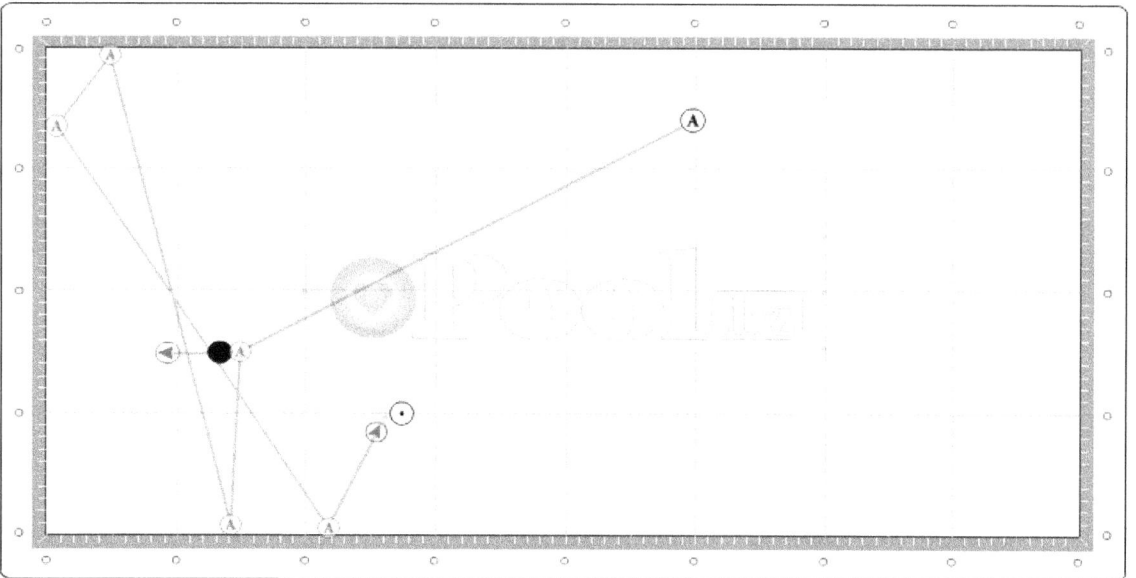

C:2d – Setup

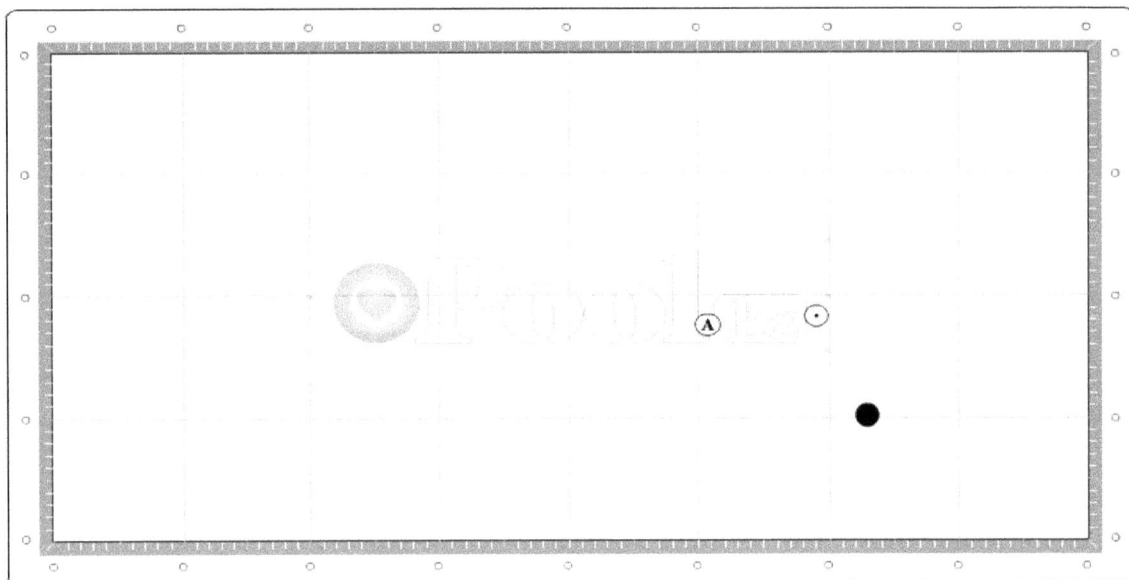

Noter og ideer:

Afspilning mønster

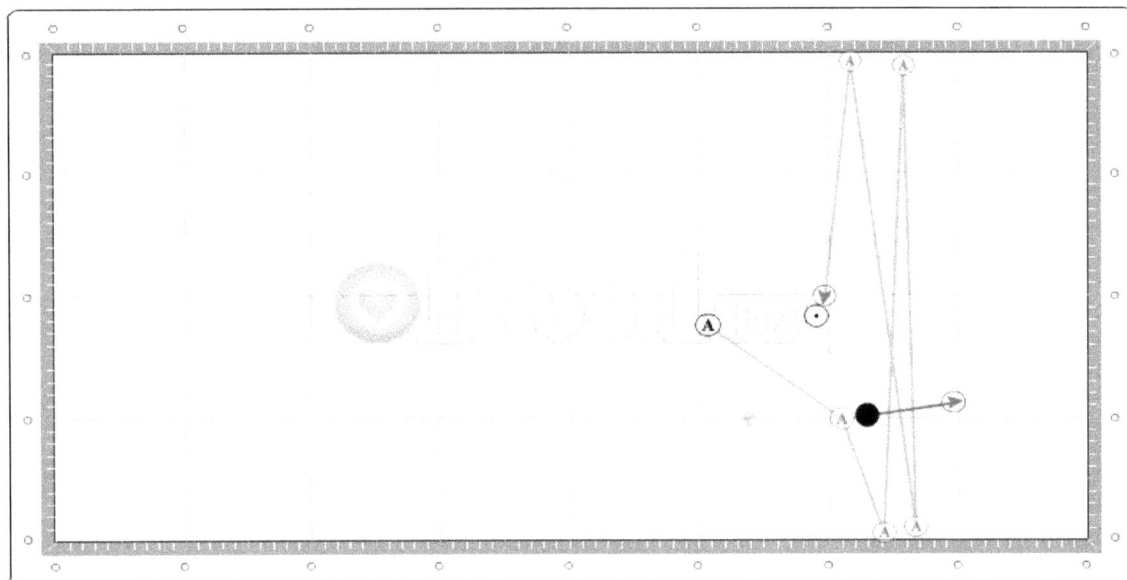

D: Masser af ekstra bander

Den (CB) rejser rundt mange mange bander.

Ⓐ (CB) (din billardkugle) – ⊙ (OB) (modstander billardkugle) – ⚫ (OB) (rød billardkugle)

D: Gruppe 1

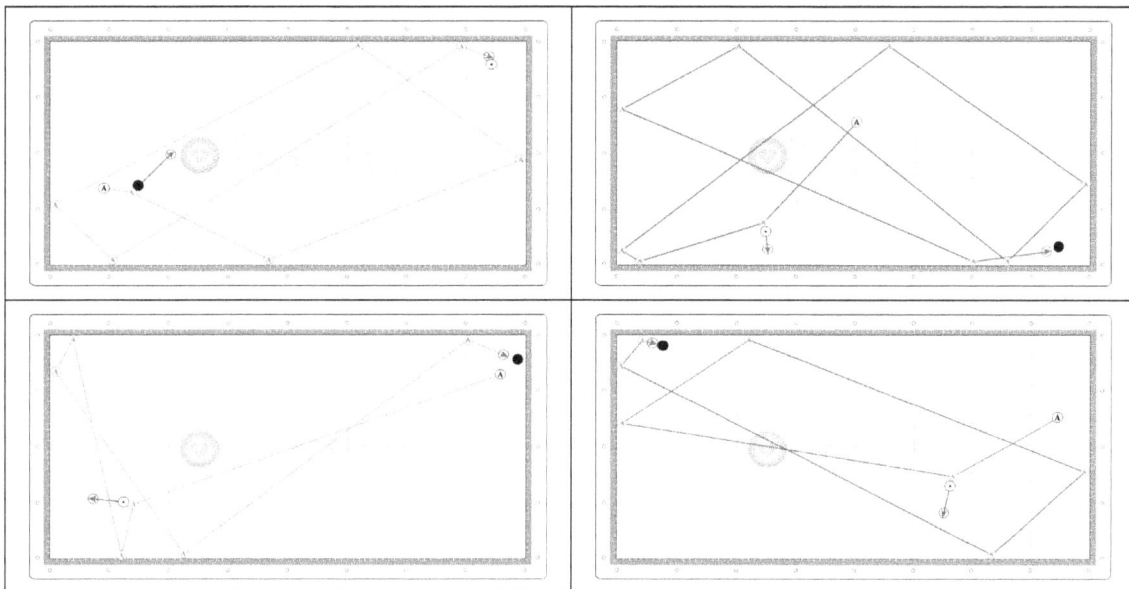

Analyse:

D:1a. _____

D:1b. _____

D:1c. _____

D:1d. _____

D:1a – Setup

Noter og ideer:

Afspilning mønster

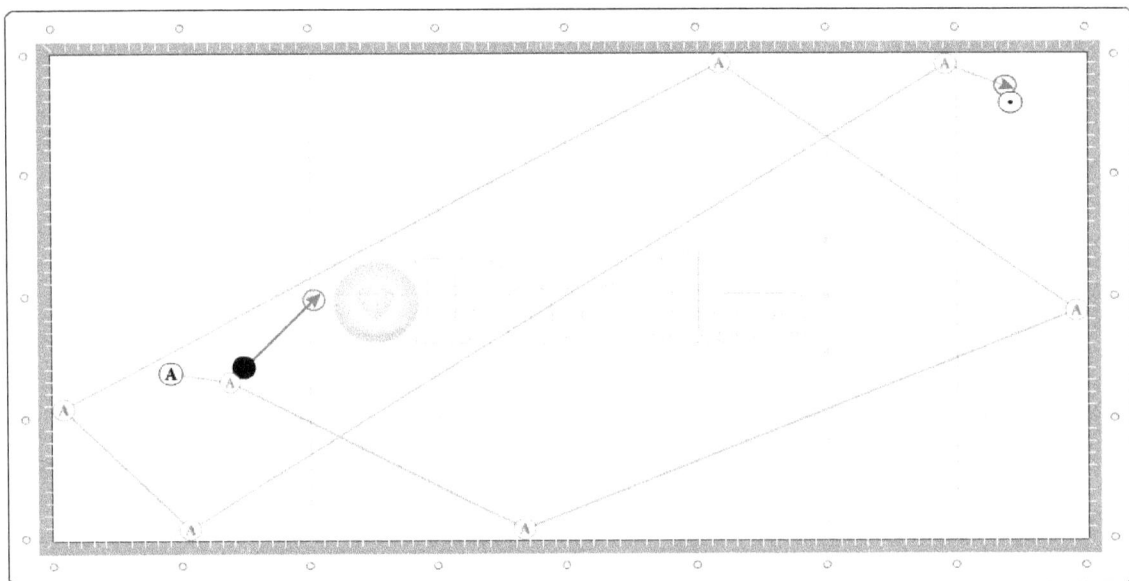

D:1b – Setup

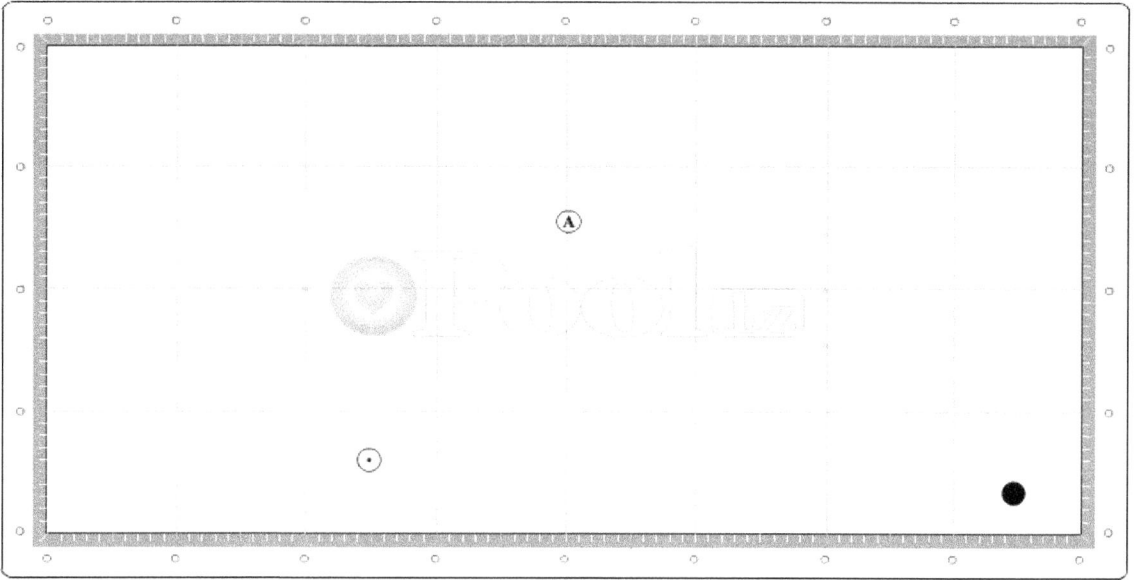

Noter og ideer:

Afspilning mønster

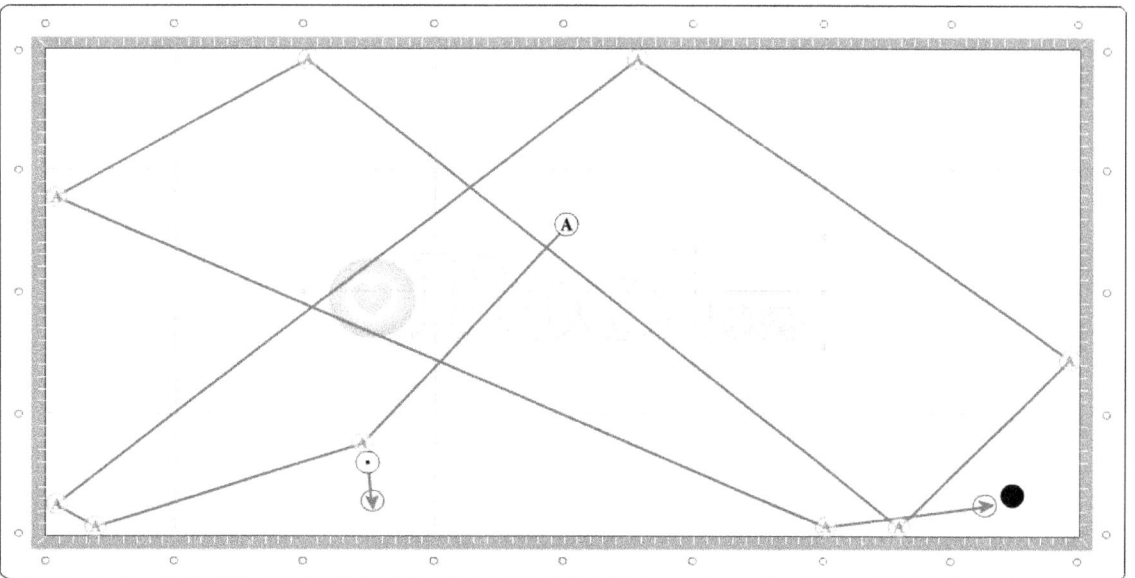

D:1c – Setup

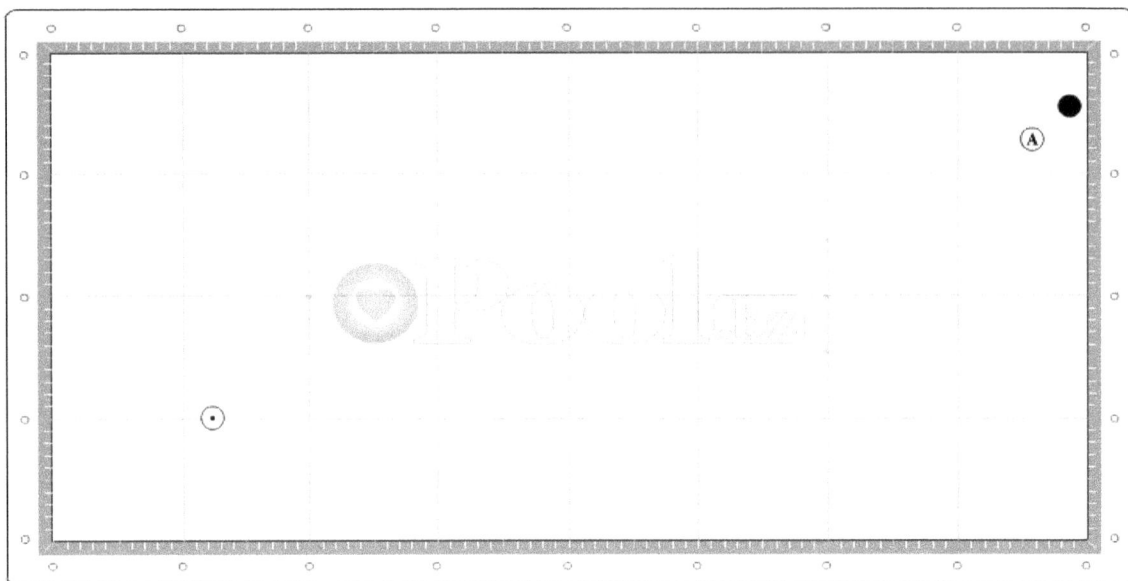

Noter og ideer:

Afspilning mønster

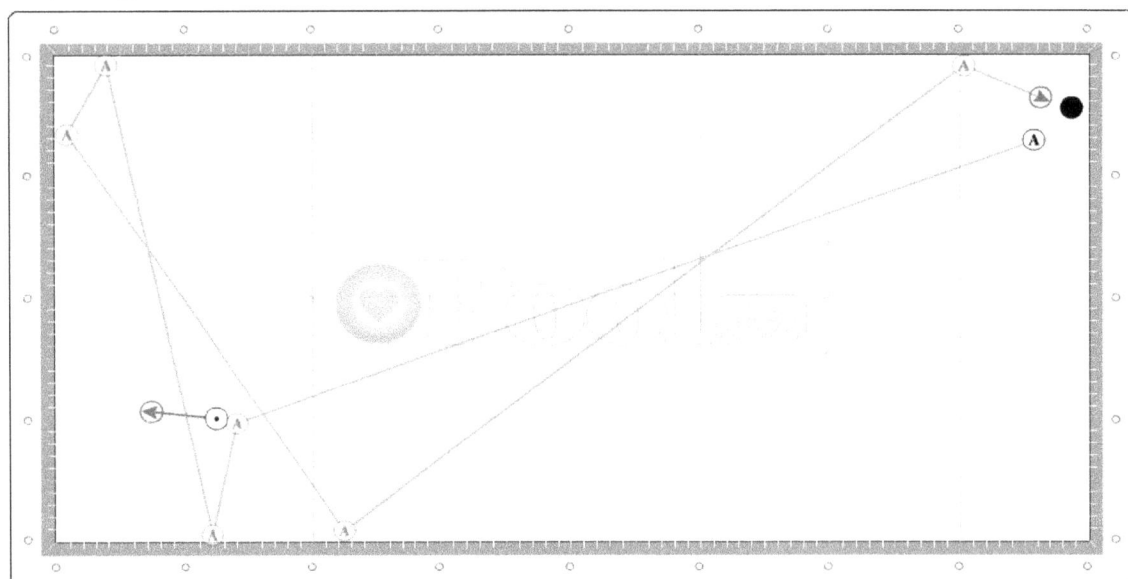

D:1d – Setup

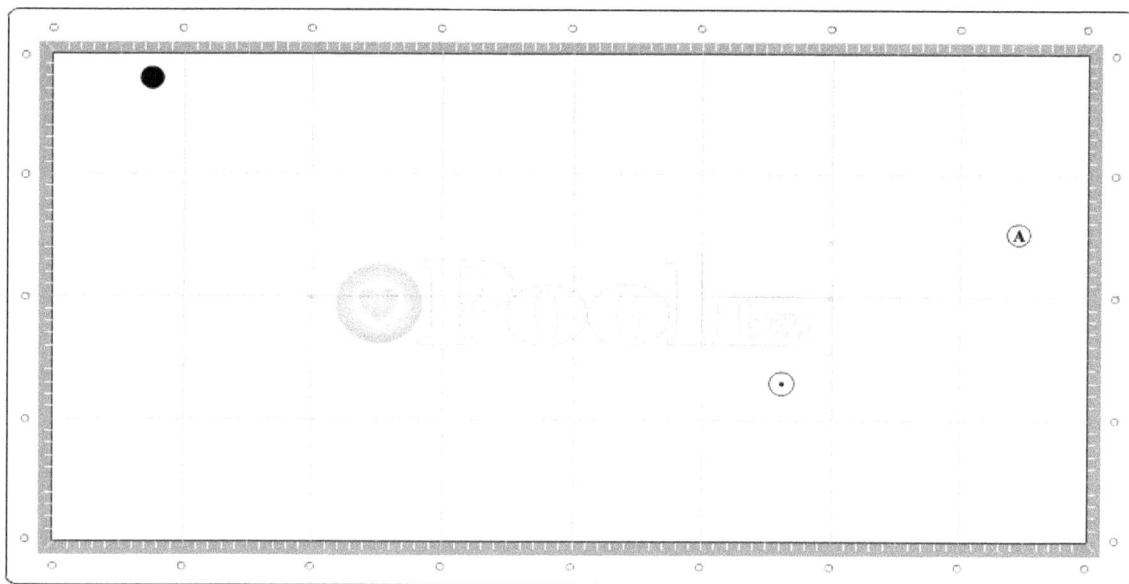

Noter og ideer:

Afspilning mønster

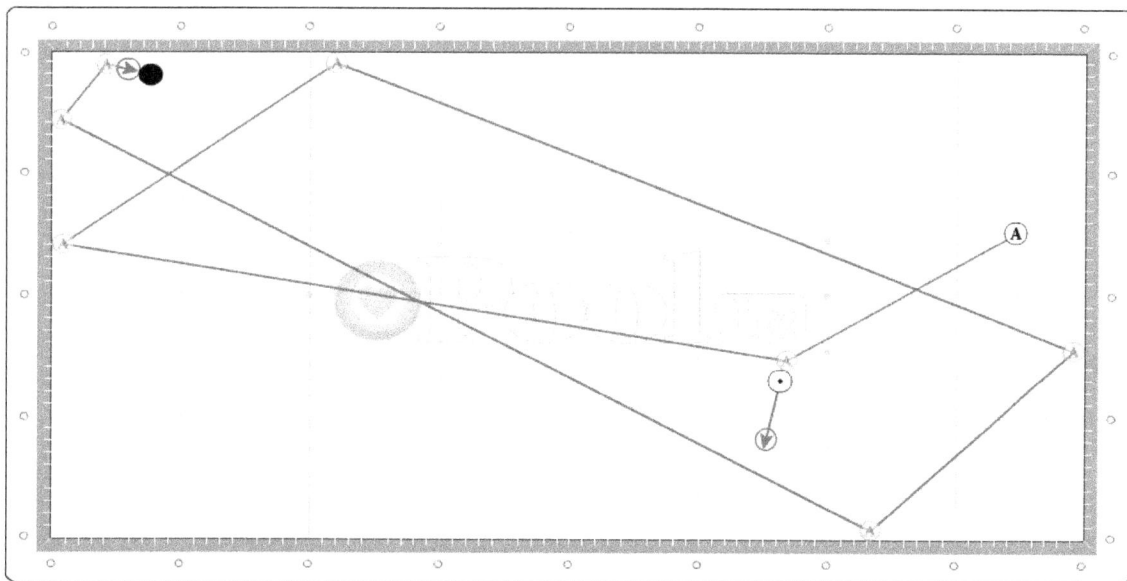

D: Gruppe 2

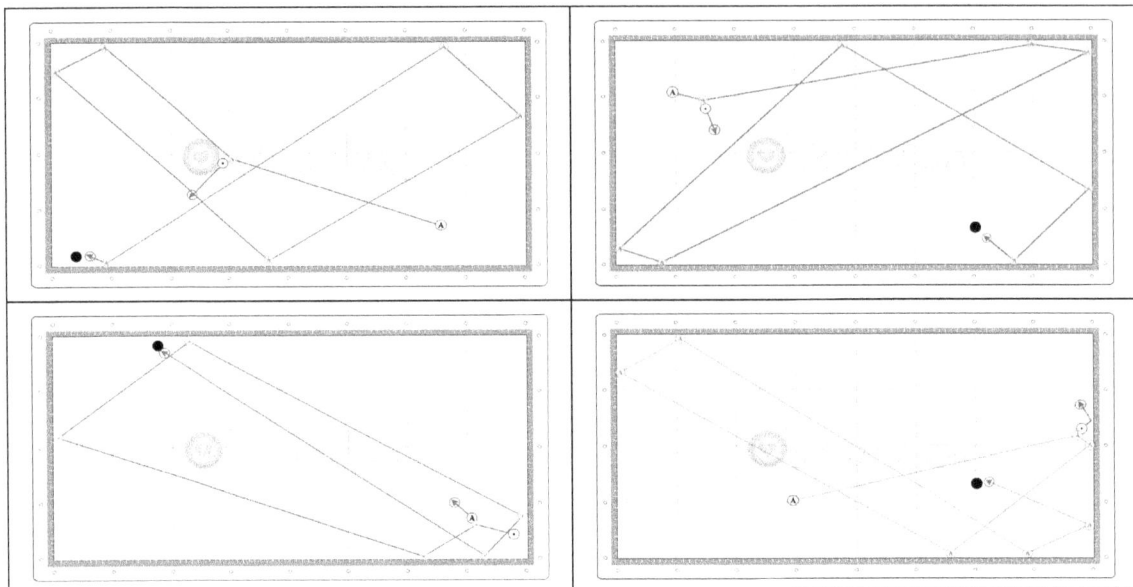

Analyse:

D:2a. _____

D:2b. _____

D:2c. _____

D:2d. _____

D:2a – Setup

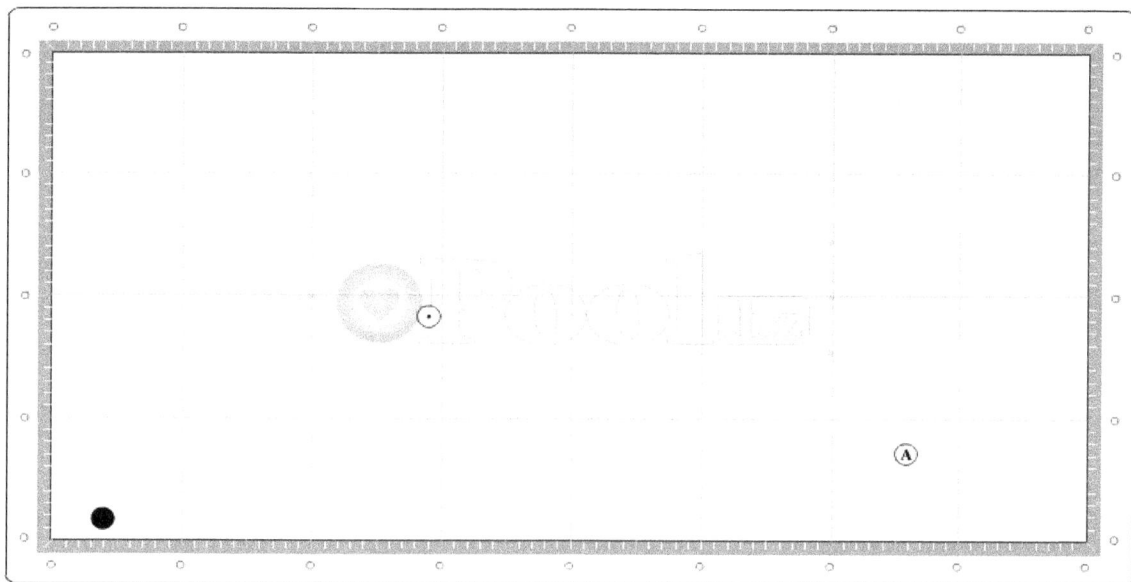

Noter og ideer:

Afspilning mønster

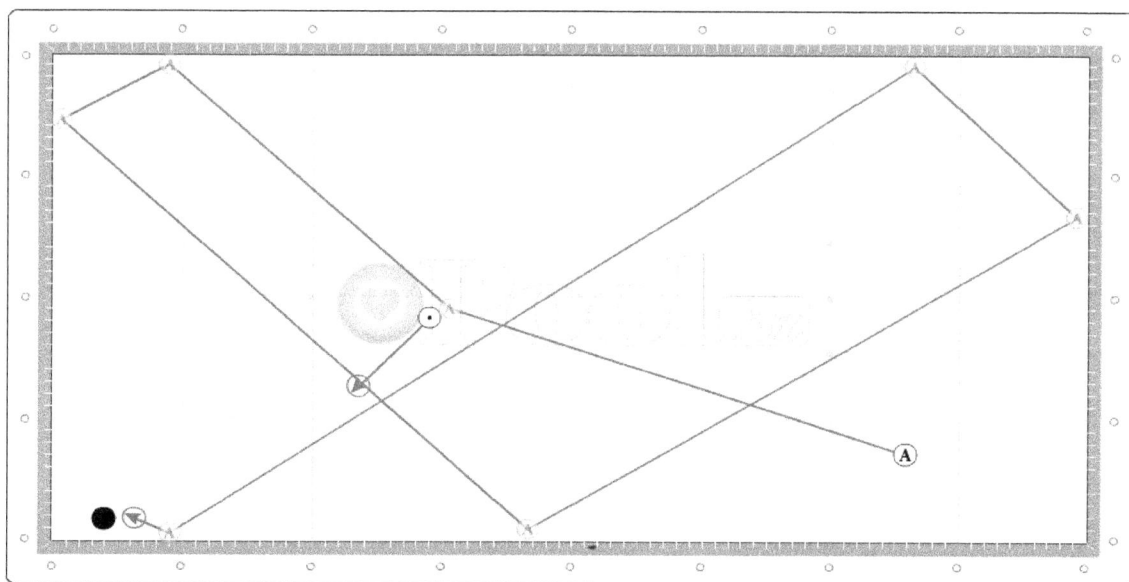

D:2b – Setup

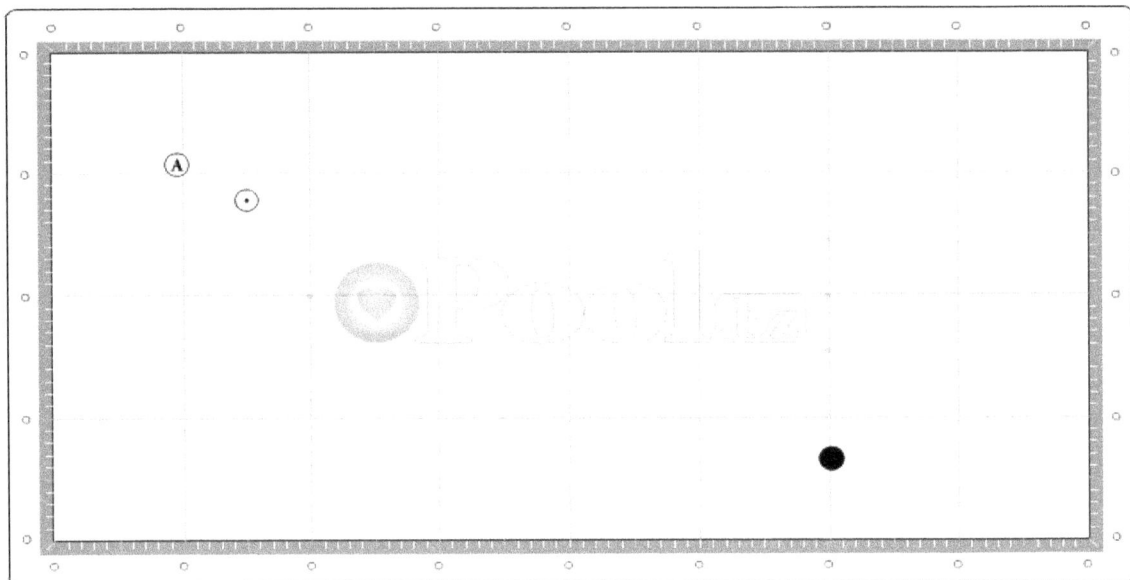

Noter og ideer:

Afspilning mønster

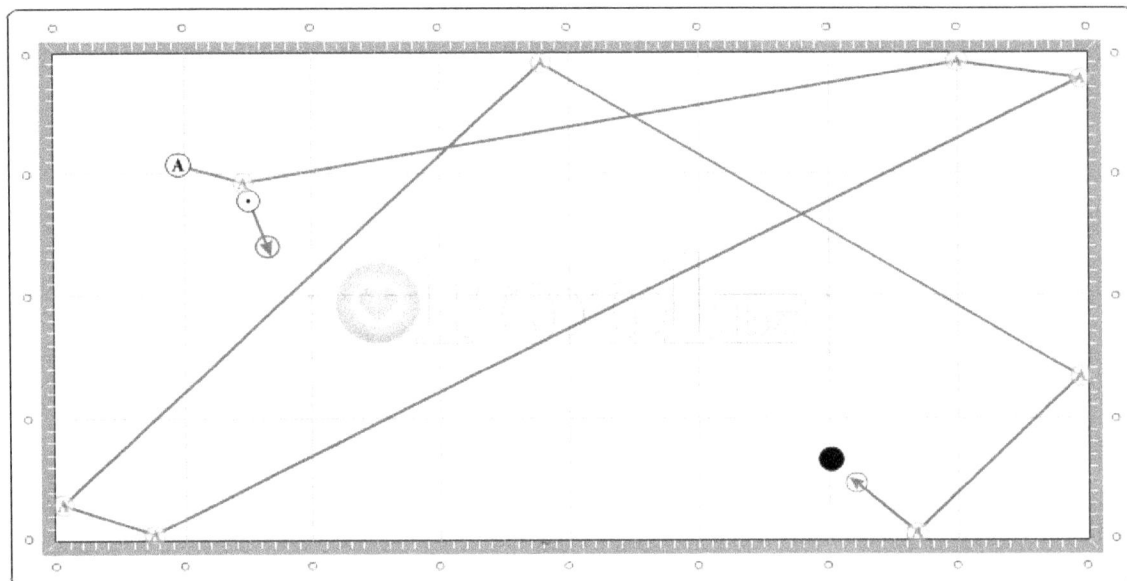

D:2c – Setup

Noter og ideer:

Afspilning mønster

D:2d – Setup

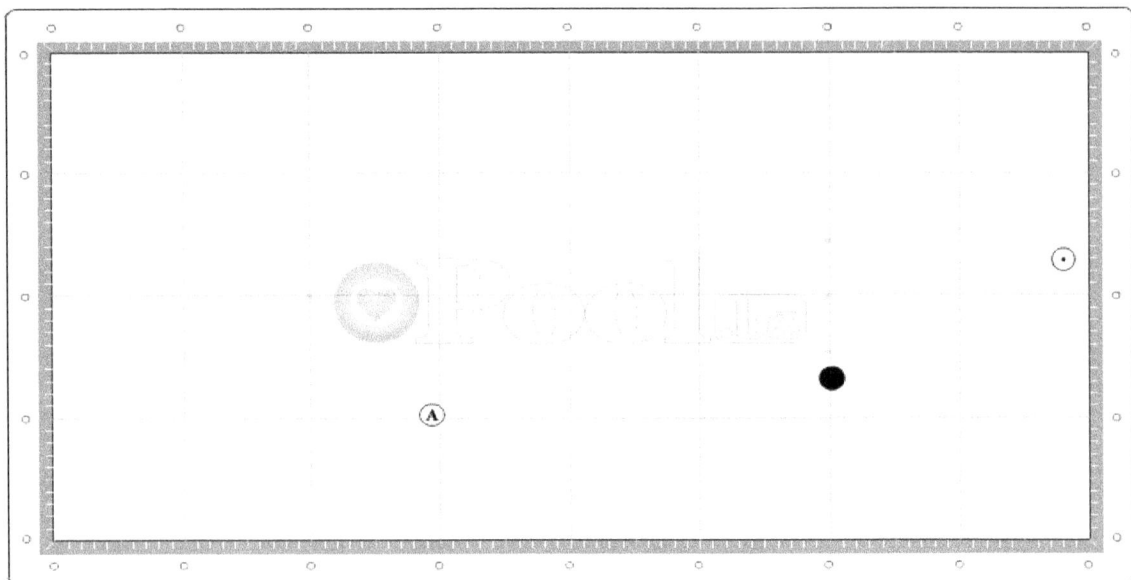

Noter og ideer:

Afspilning mønster

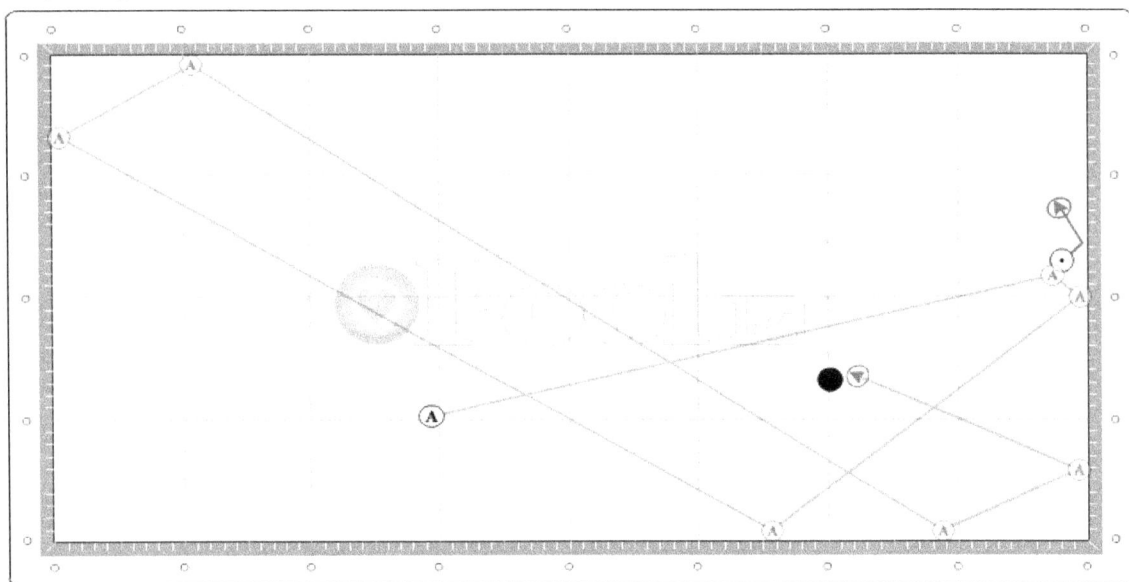

D: Gruppe 3

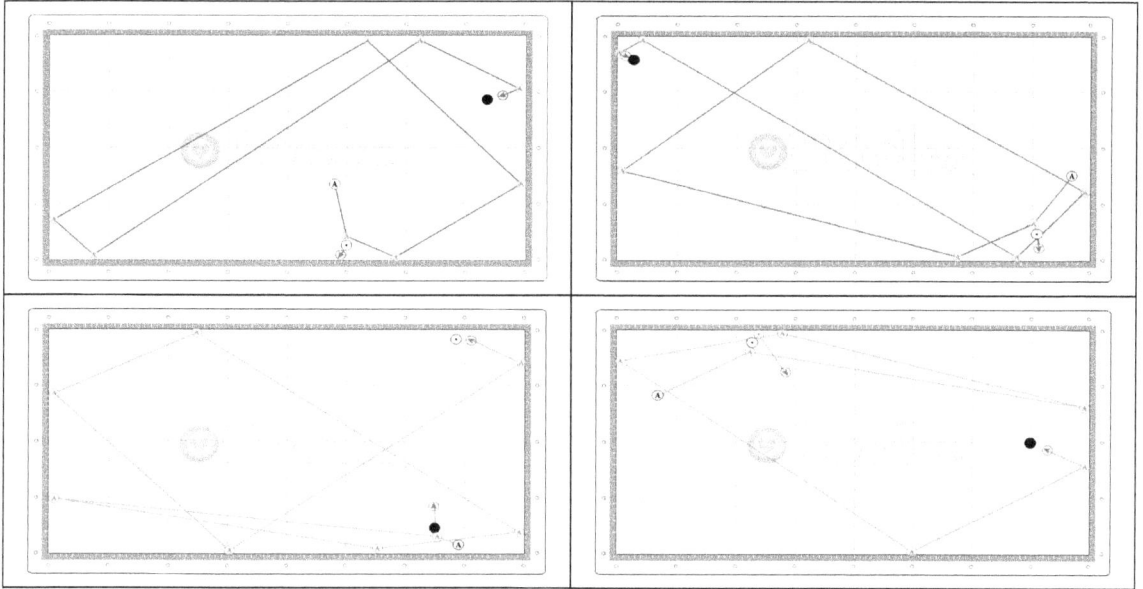

Analyse:

D:3a. _____

D:3b. _____

D:3c. _____

D:3d. _____

D:3a – Setup

Noter og ideer:

Afspilning mønster

D:3b – Setup

Noter og ideer:

Afspilning mønster

D:3c – Setup

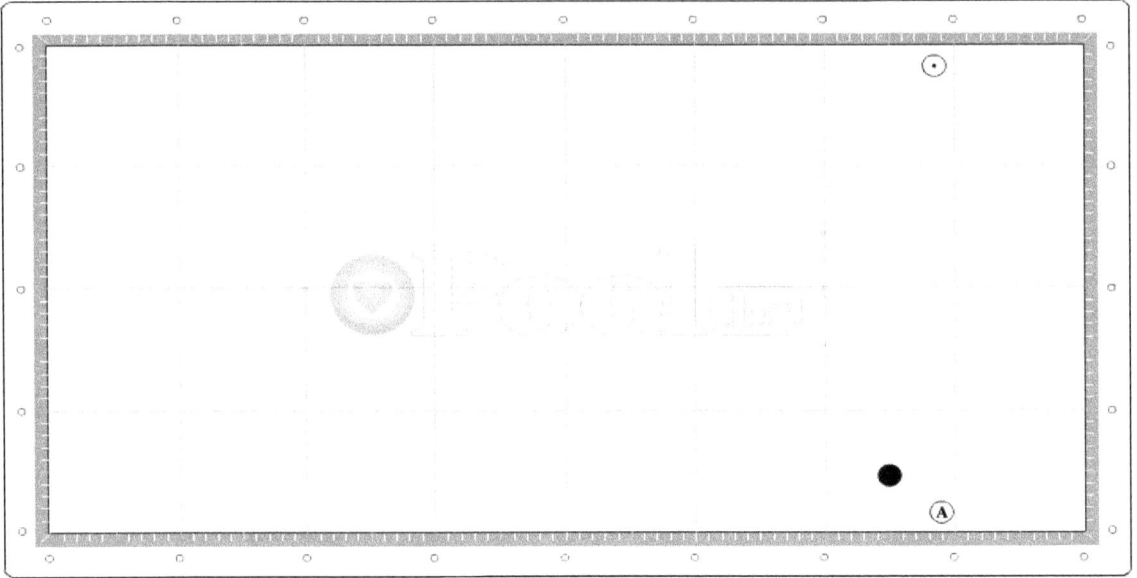

Noter og ideer:

Afspilning mønster

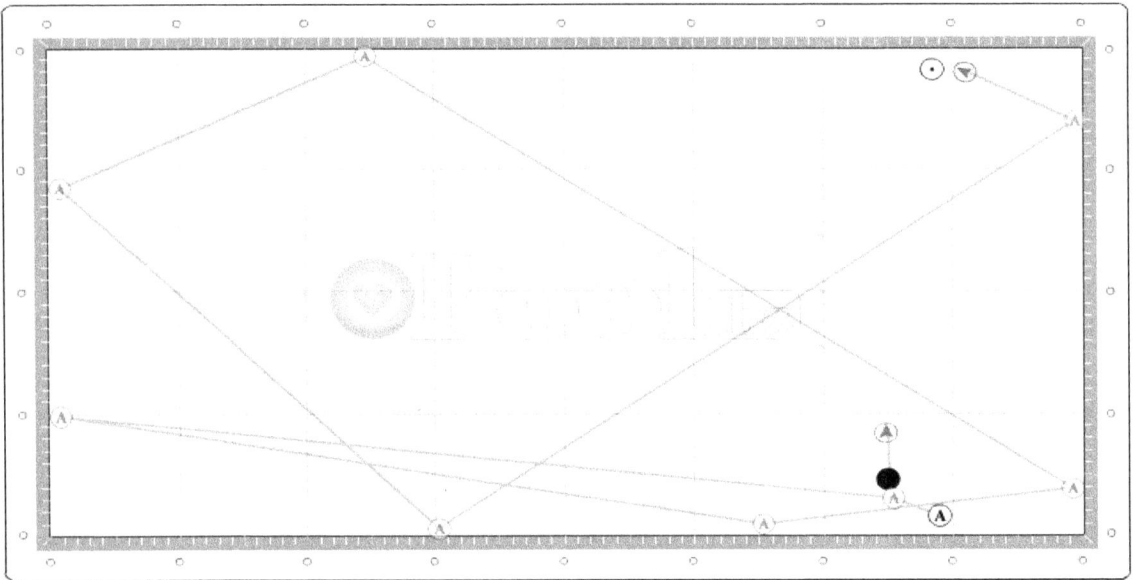

D:3d – Setup

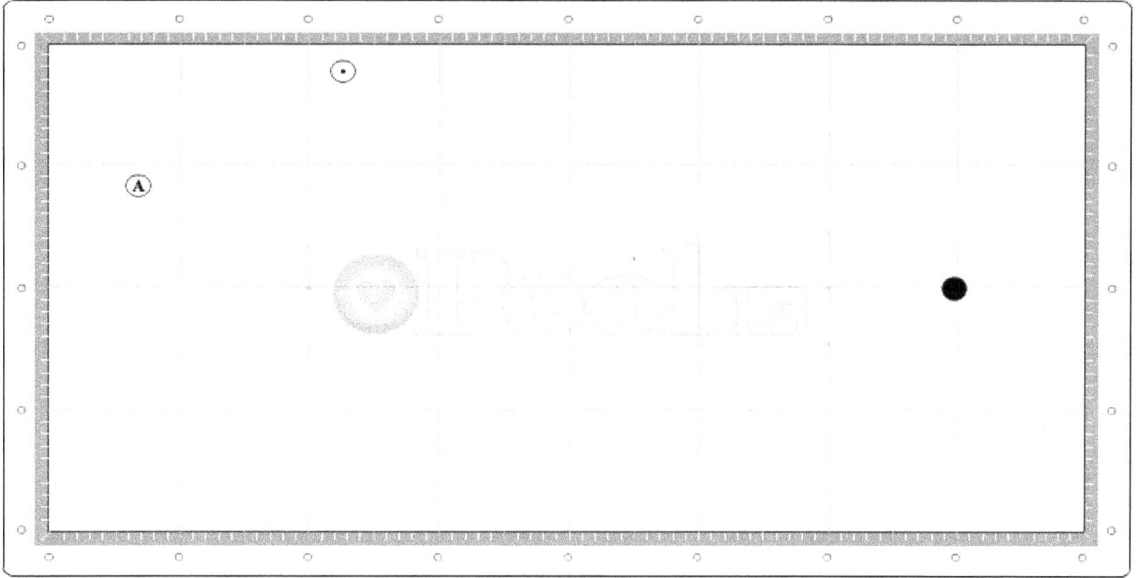

Noter og ideer:

Afspilning mønster

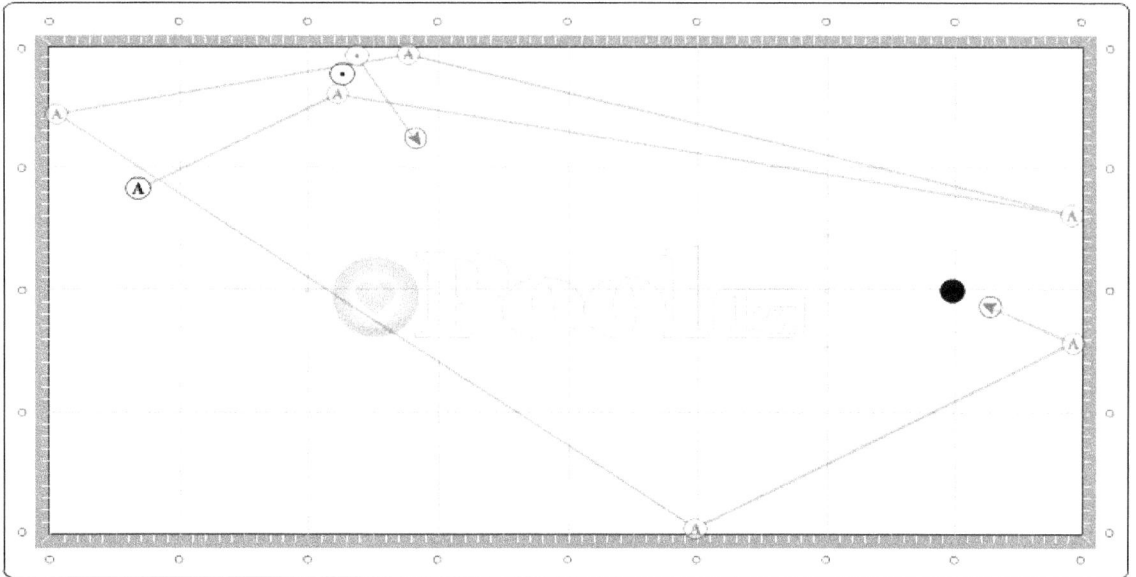

D: Gruppe 4

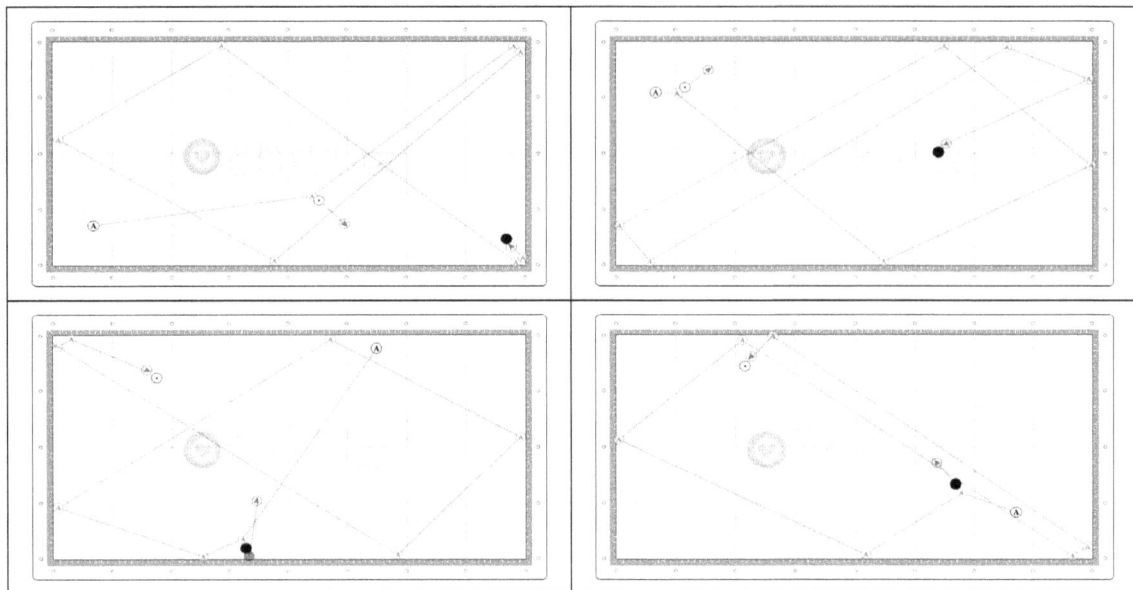

Analyse:

D:4a. _____

D:4b. _____

D:4c. _____

D:4d. _____

D:4a – Setup

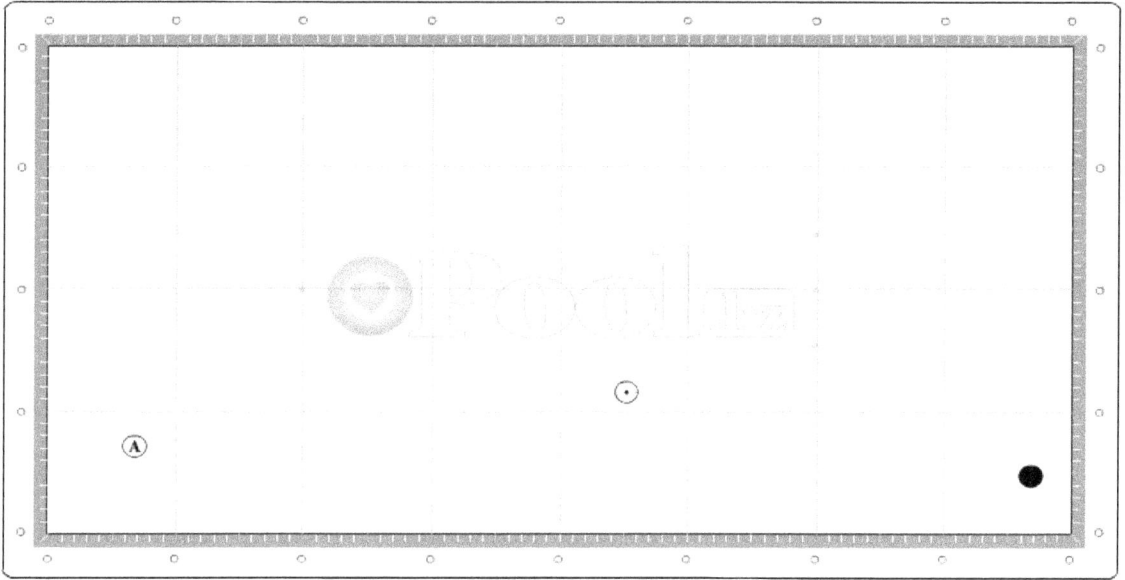

Noter og ideer:

Afspilning mønster

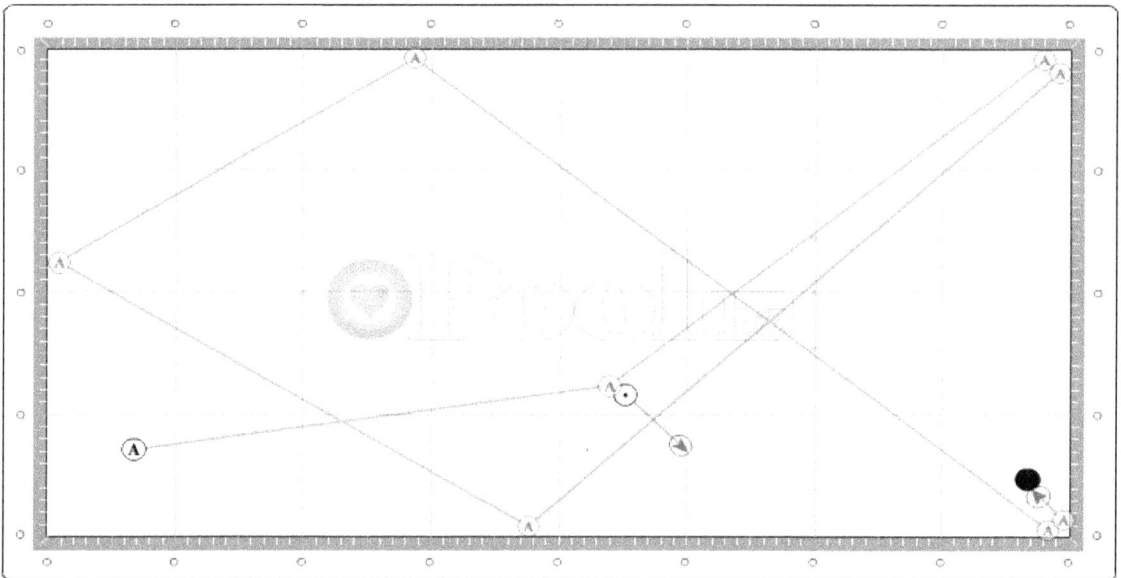

D:4b – Setup

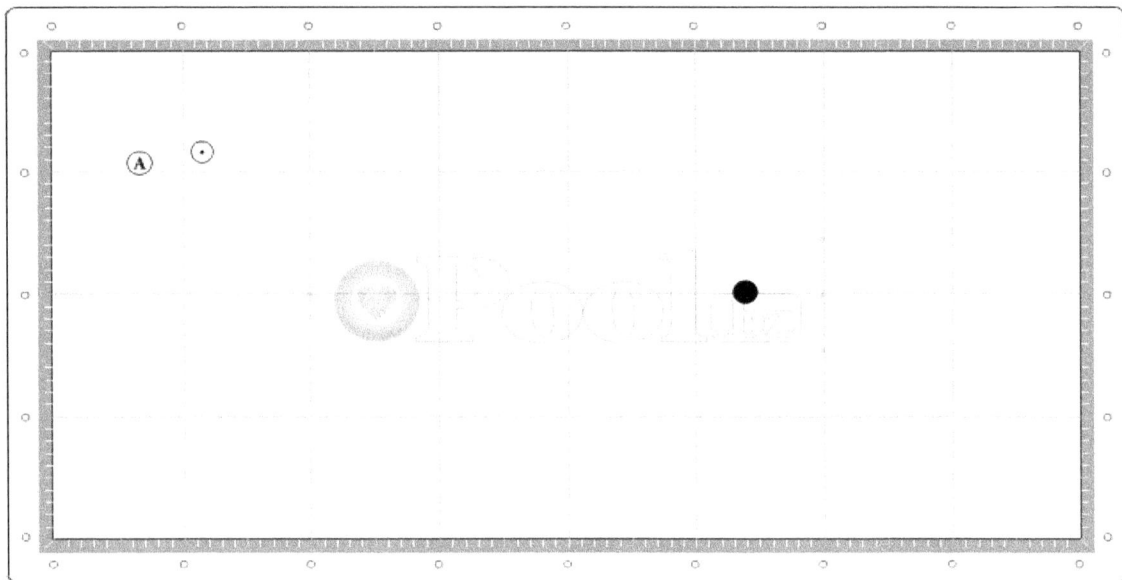

Noter og ideer:

Afspilning mønster

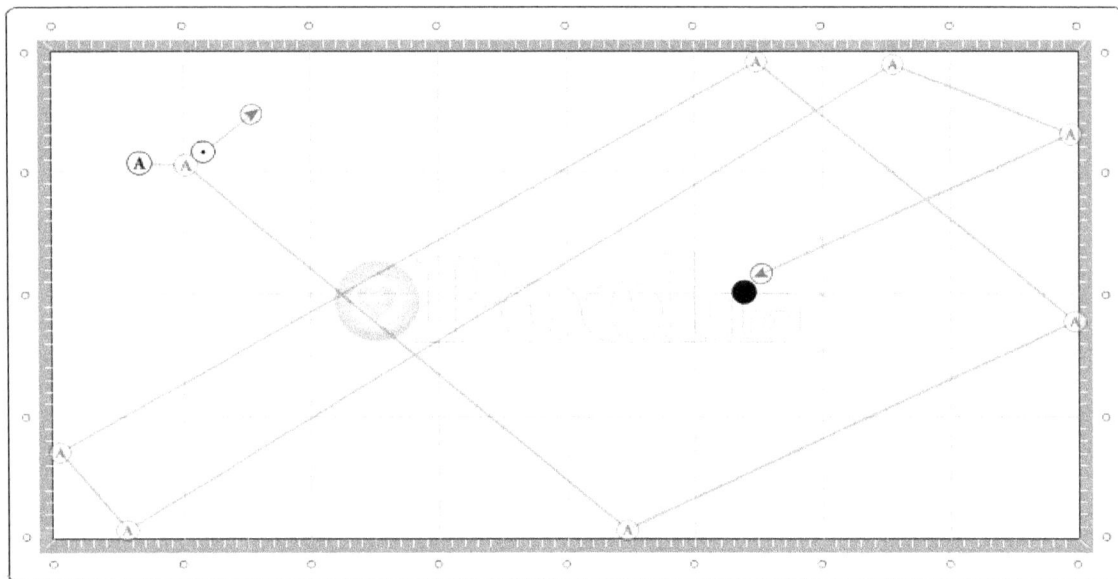

D:4c – Setup

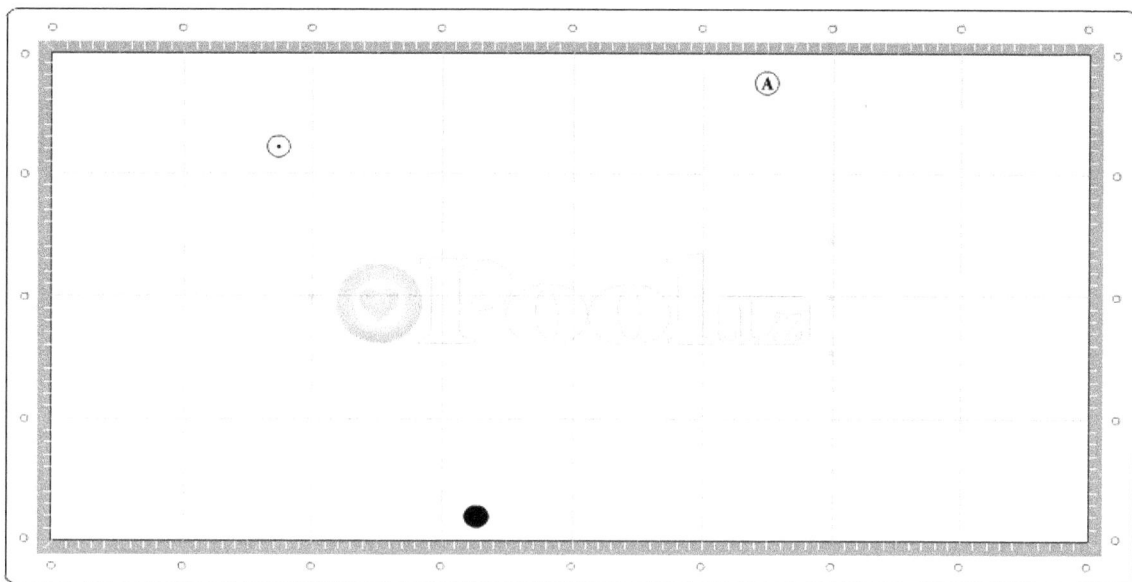

Noter og ideer:

Afspilning mønster

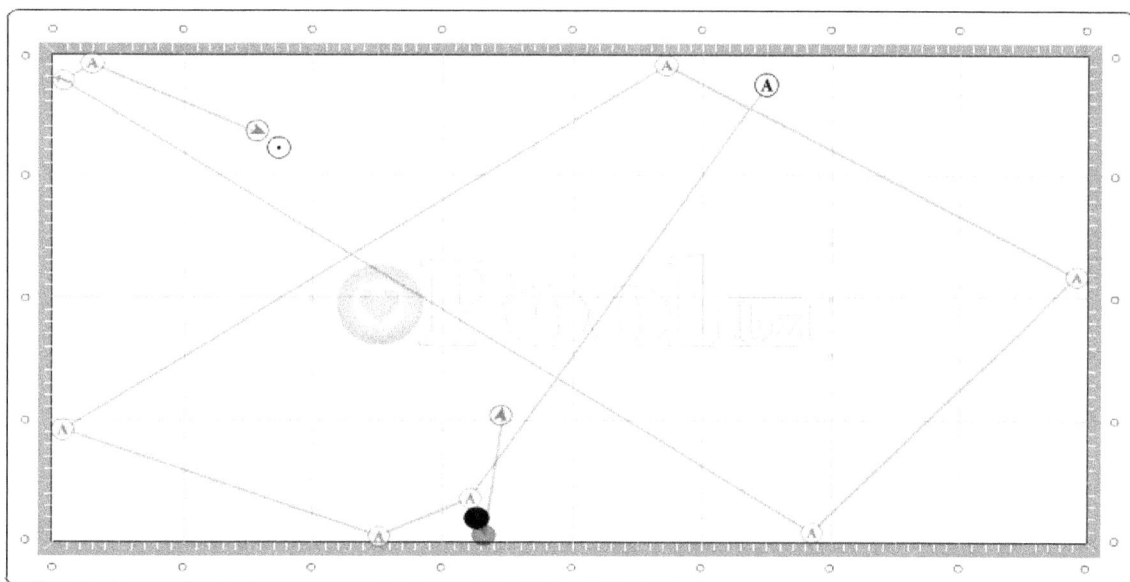

D:4d – Setup

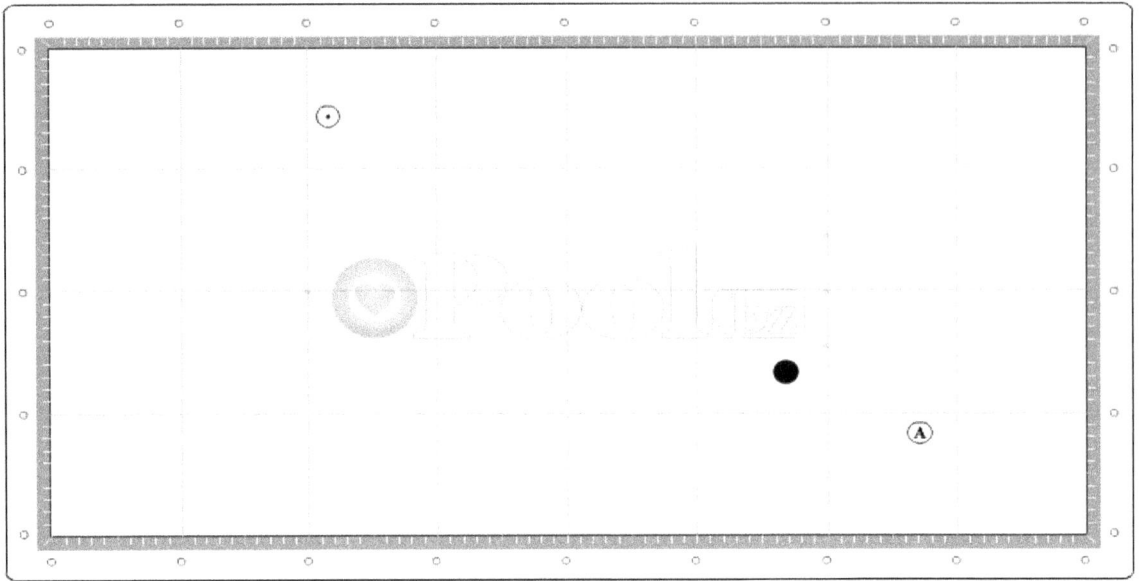

Noter og ideer:

Afspilning mønster

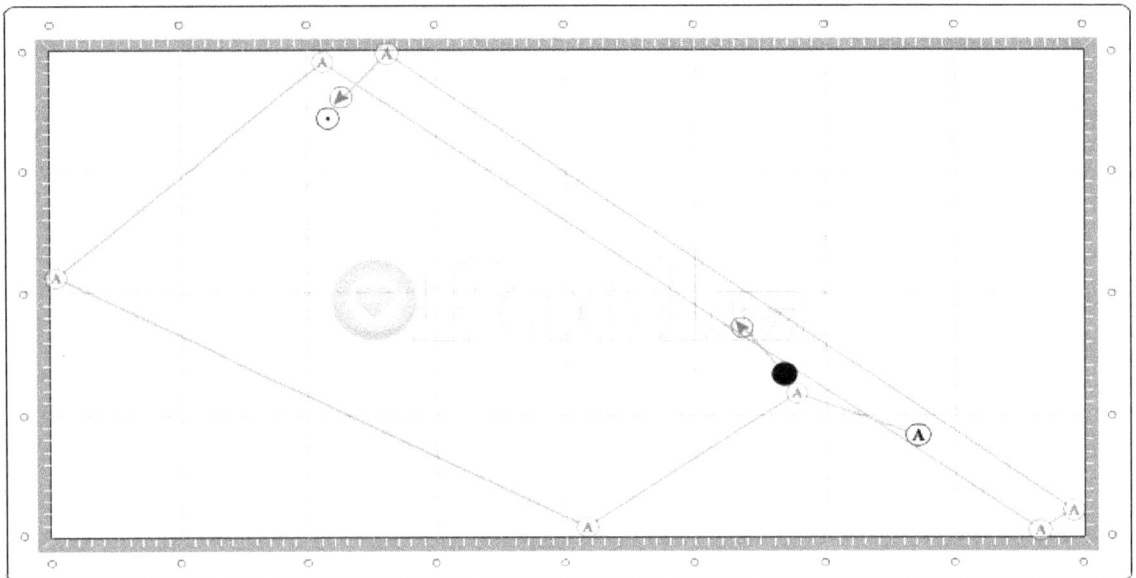

E: Parallelle stier

CB'en går fra et hjørne til et andet hjørne og tilbage til det første hjørne. (CB) mønster ud er på en parallel linje til mønsteret går ind.

(A) (CB) (din billardkugle) – (·) (OB) (modstander billardkugle) – ⬤ (OB) (rød billardkugle)

E: Gruppe 1

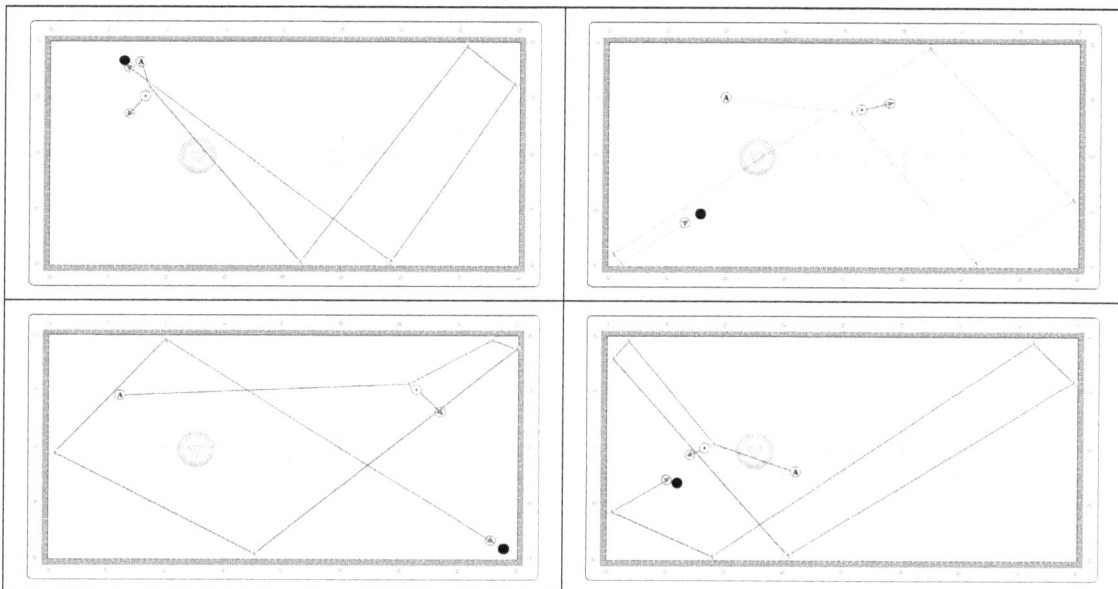

Analyse:

E:1a. _____

E:1b. _____

E:1c. _____

E:1d. _____

E:1a – Setup

Noter og ideer:

Afspilning mønster

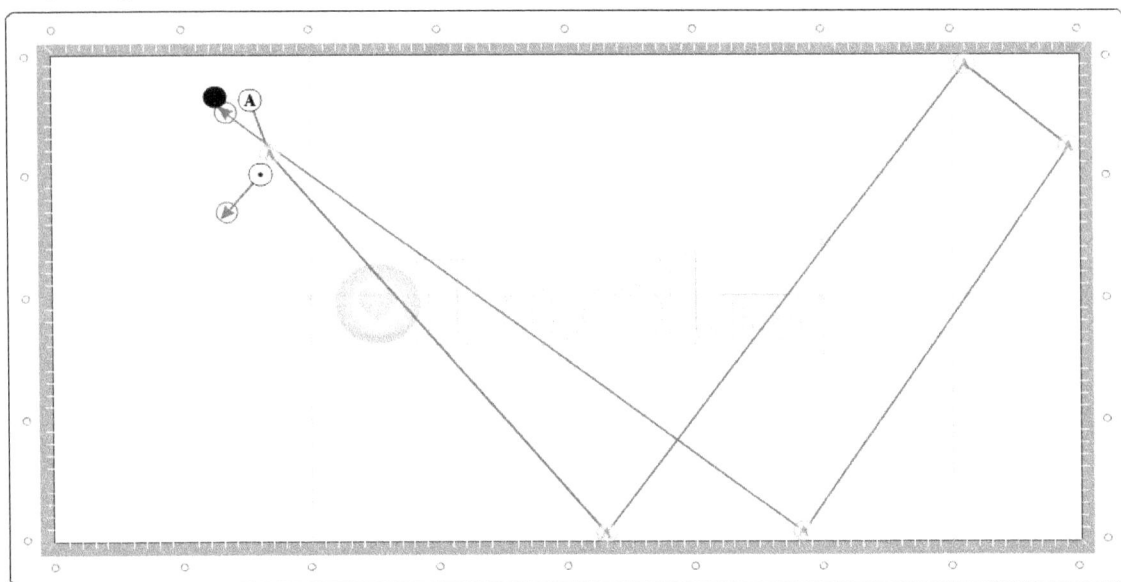

E:1b – Setup

Noter og ideer:

Afspilning mønster

E:1c – Setup

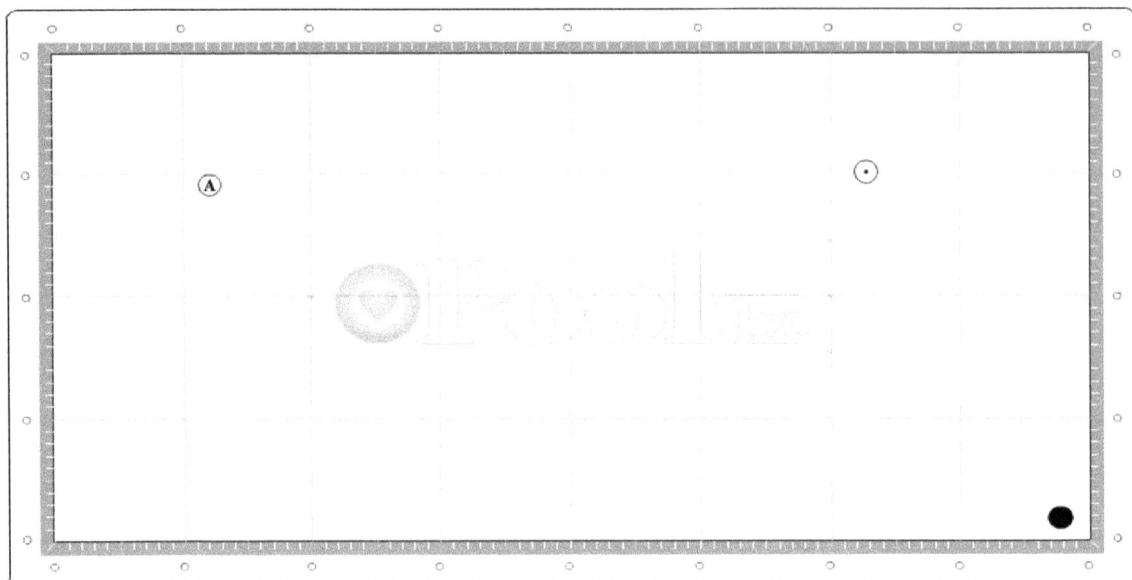

Noter og ideer:

Afspilning mønster

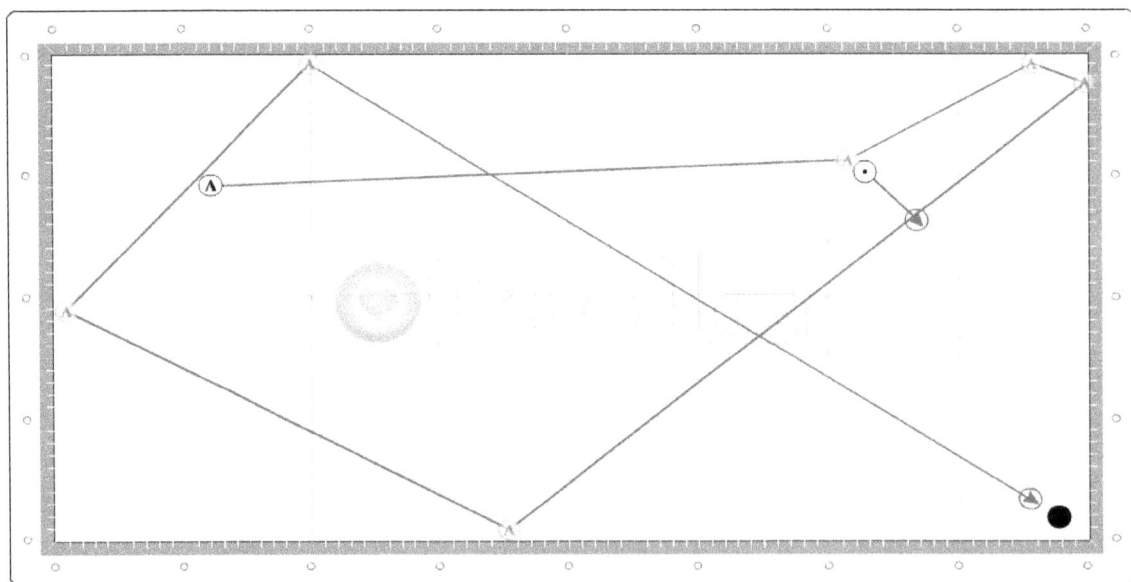

E:1d – Setup

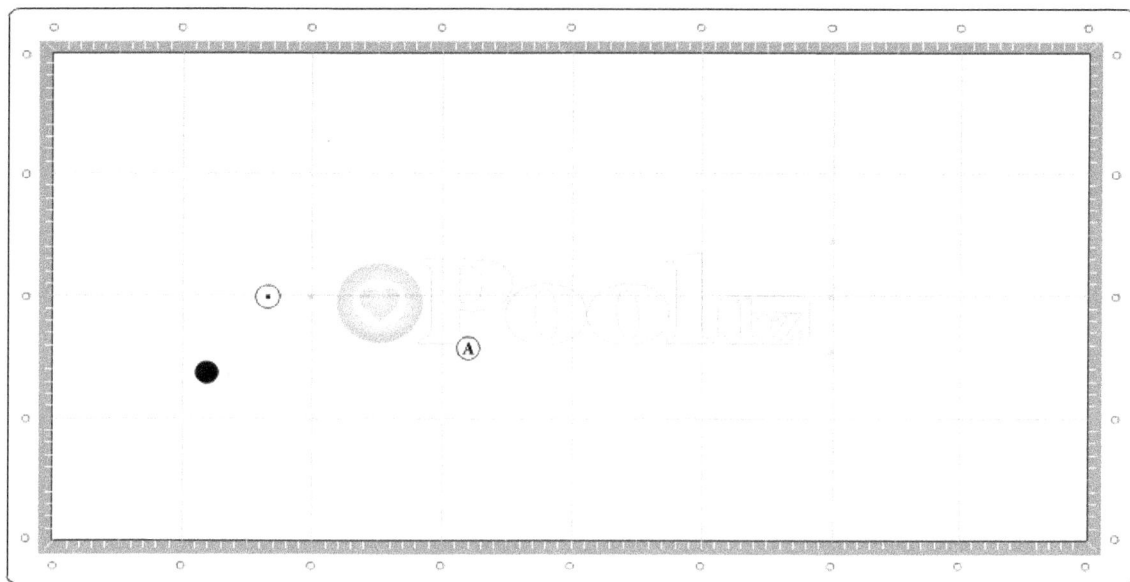

Noter og ideer:

Afspilning mønster

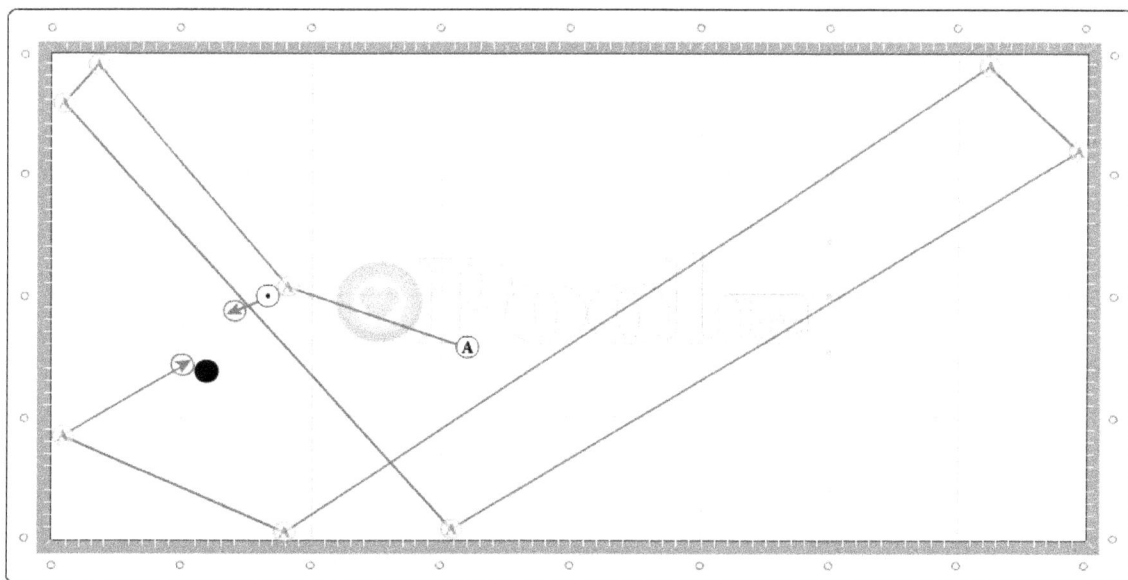

E: Gruppe 2

Analyse:

E:2a. _____

E:2b. _____

E:2c. _____

E:2d. _____

78

E:2a – Setup

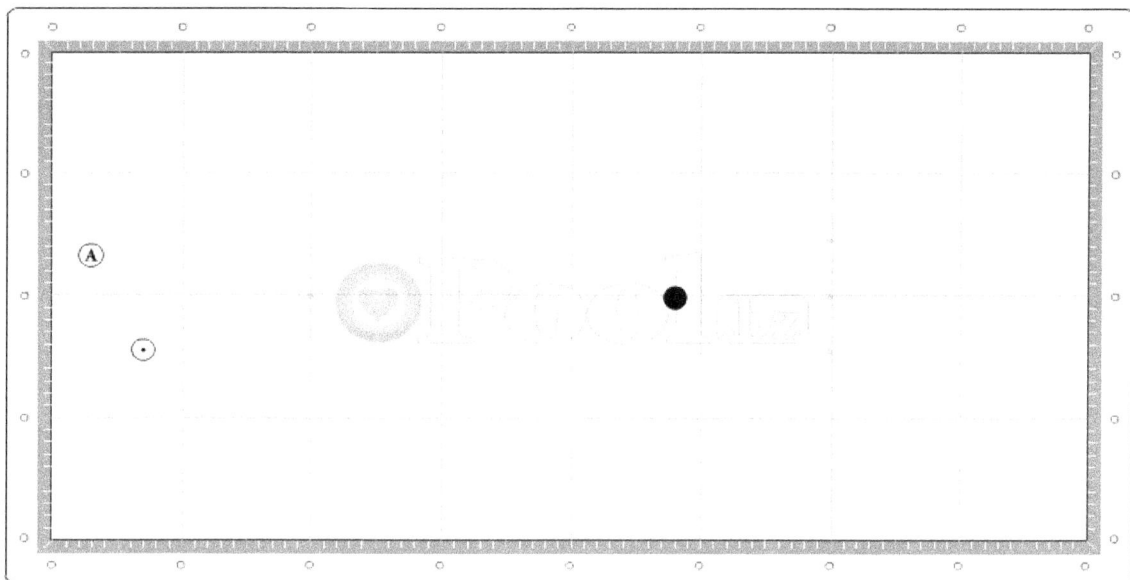

Noter og ideer:

Afspilning mønster

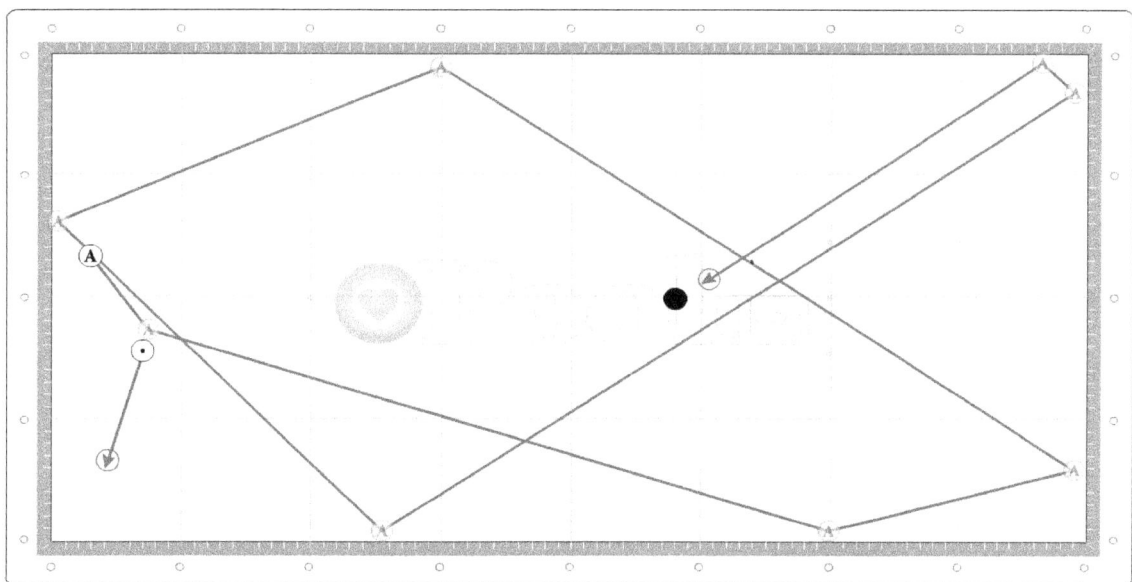

E:2b – Setup

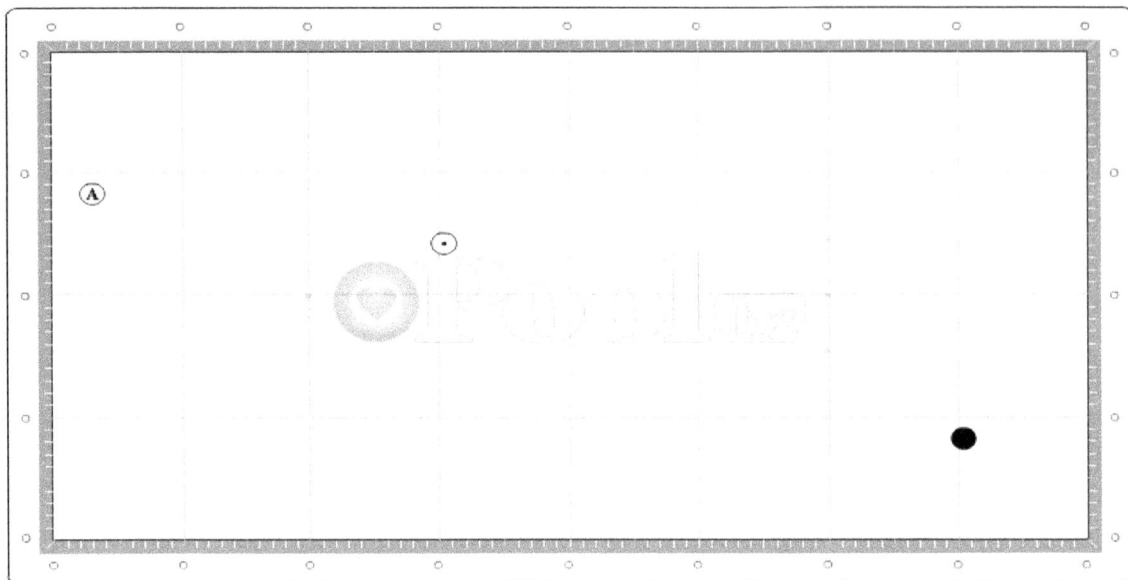

Noter og ideer:

Afspilning mønster

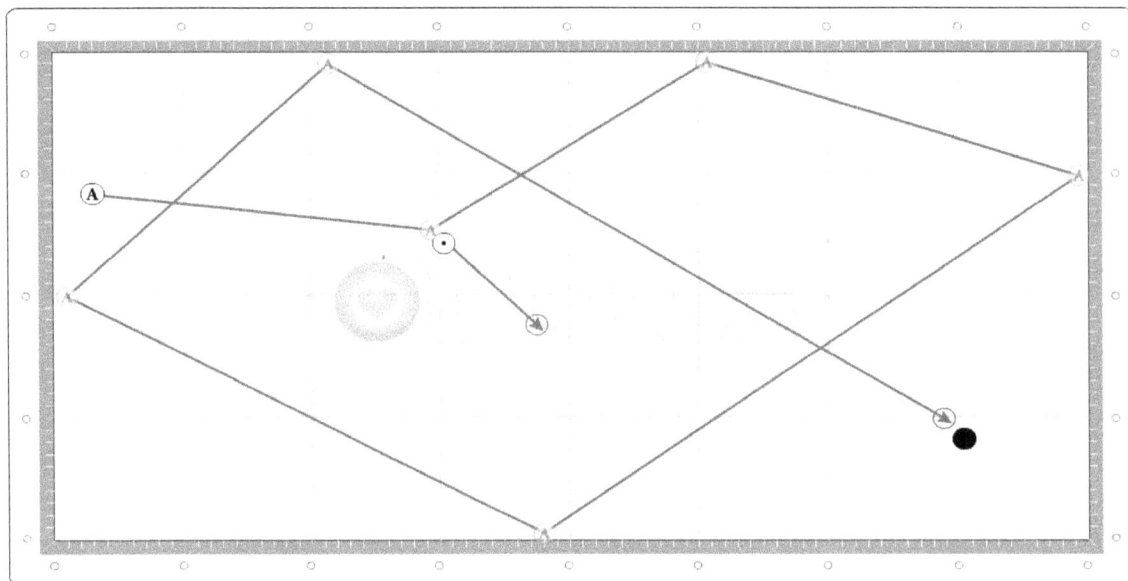

E:2c – Setup

Noter og ideer:

Afspilning mønster

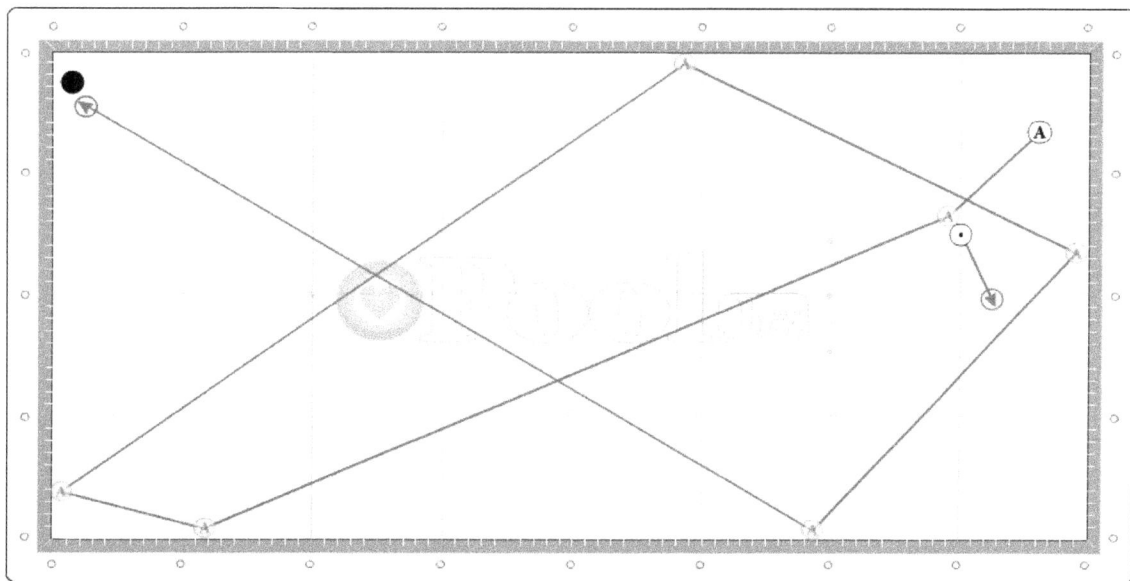

E:2d – Setup

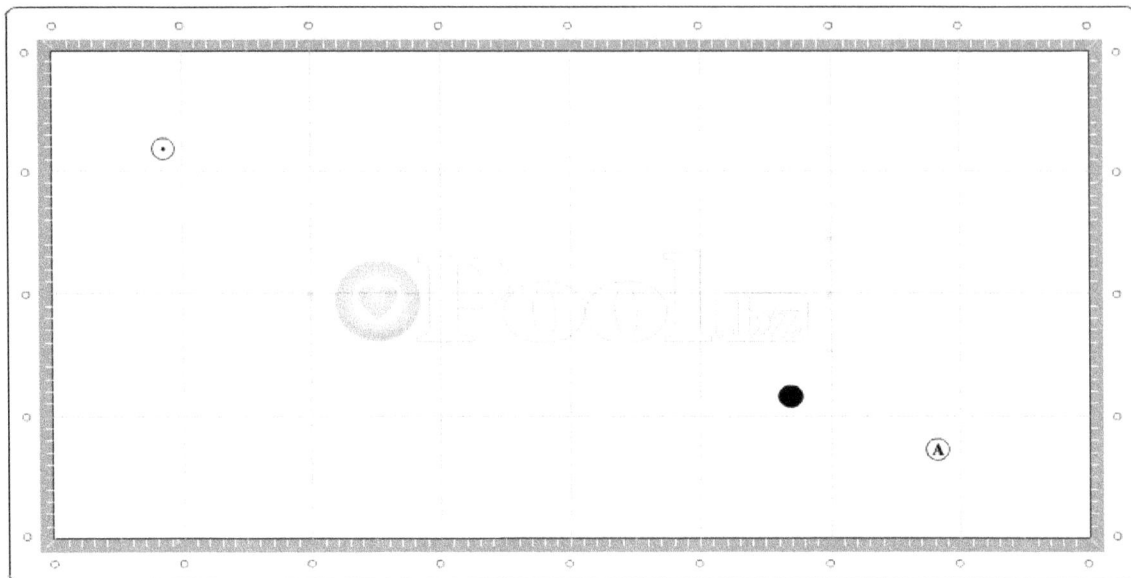

Noter og ideer:

Afspilning mønster

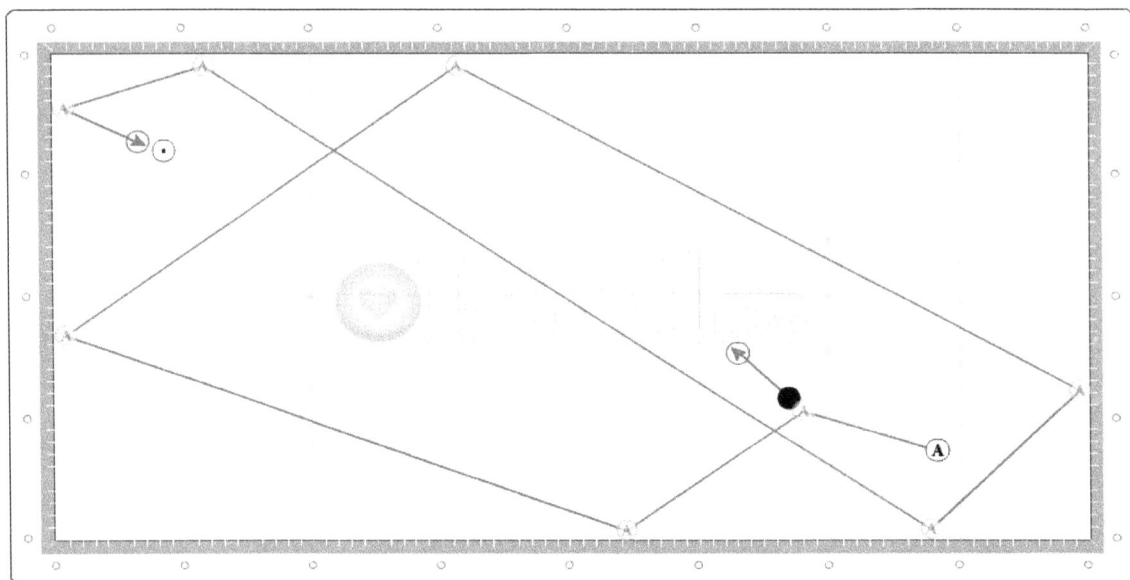

F: Sjovt og interessant

Disse situationer kræver en masse fantasi. Mønstrene er interessante løsninger til usædvanlige konfigurationer.

(A) (CB) (din billardkugle) – (•) (OB) (modstander billardkugle) – ● (OB) (rød billardkugle)

F: Gruppe 1

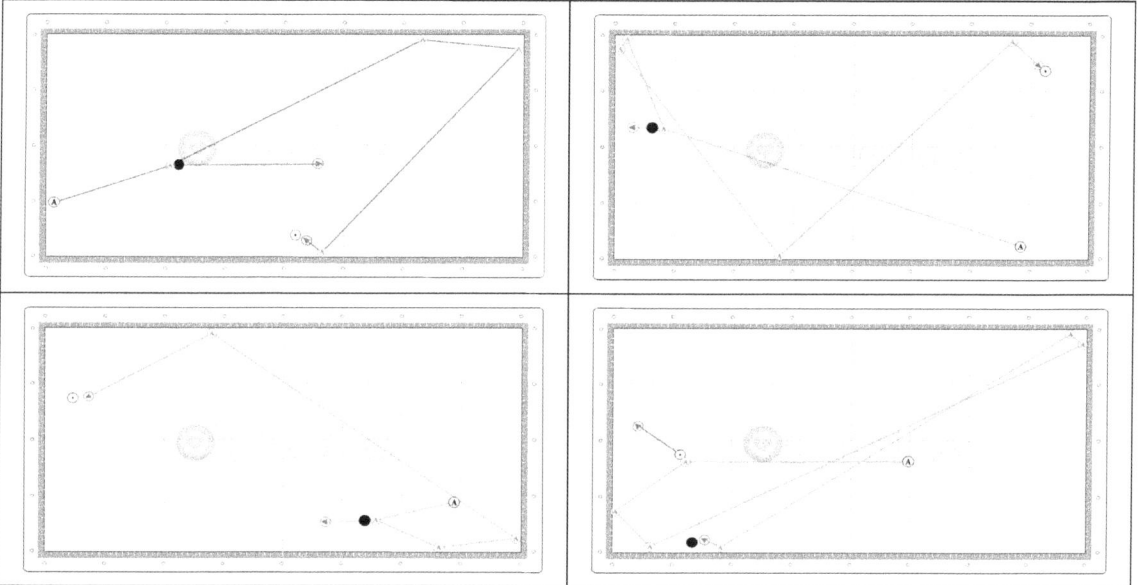

Analyse:

F:1a. _____

F:1b. _____

F:1c. _____

F:1d. _____

F:1a – Setup

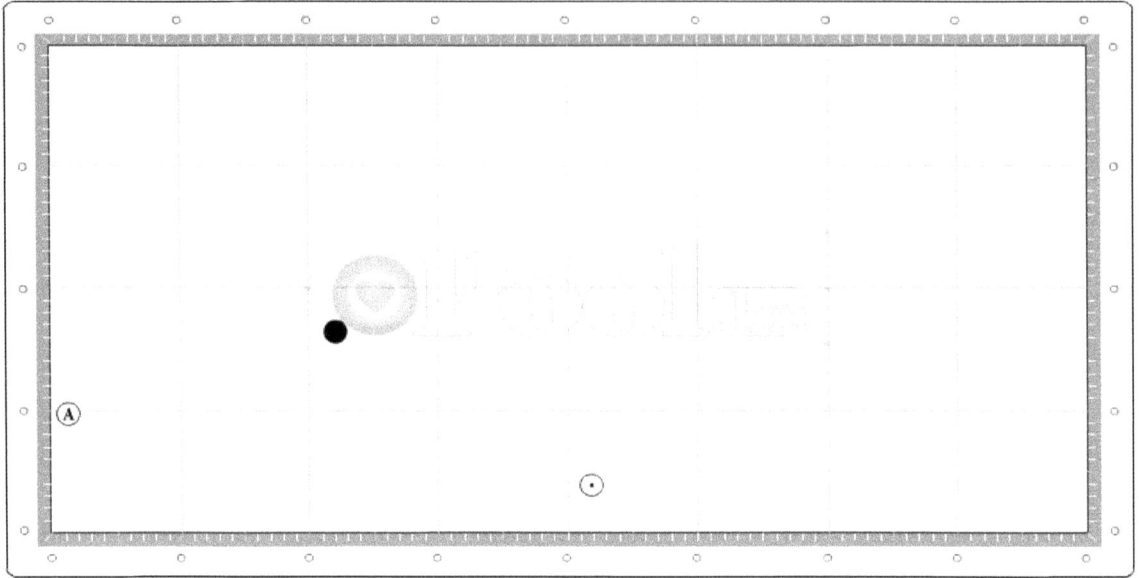

Noter og ideer:

Afspilning mønster

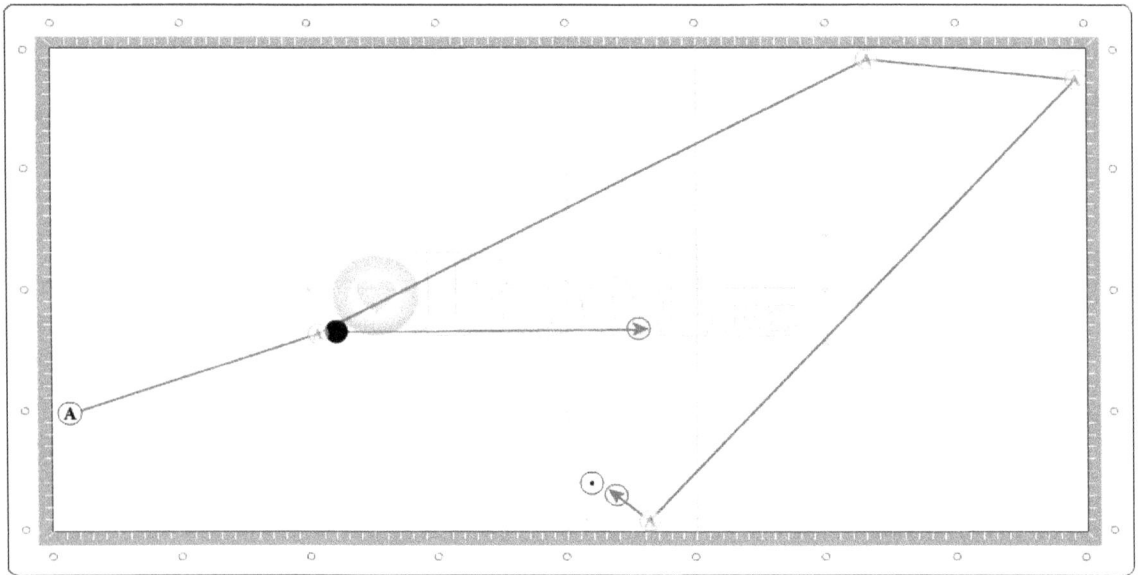

F:1b – Setup

Noter og ideer:

Afspilning mønster

F:1c – Setup

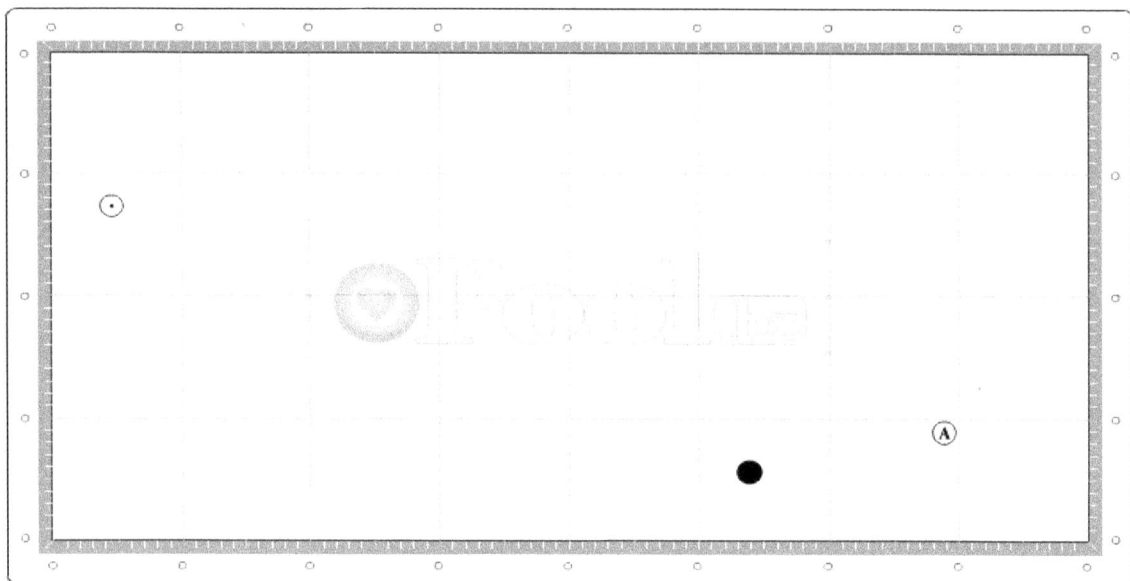

Noter og ideer:

Afspilning mønster

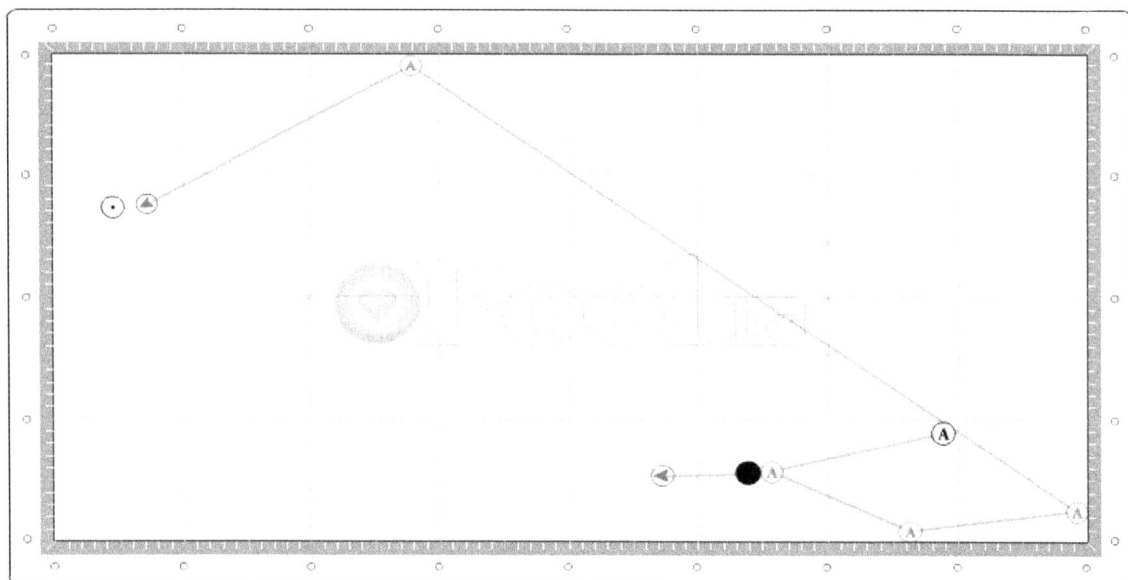

F:1d – Setup

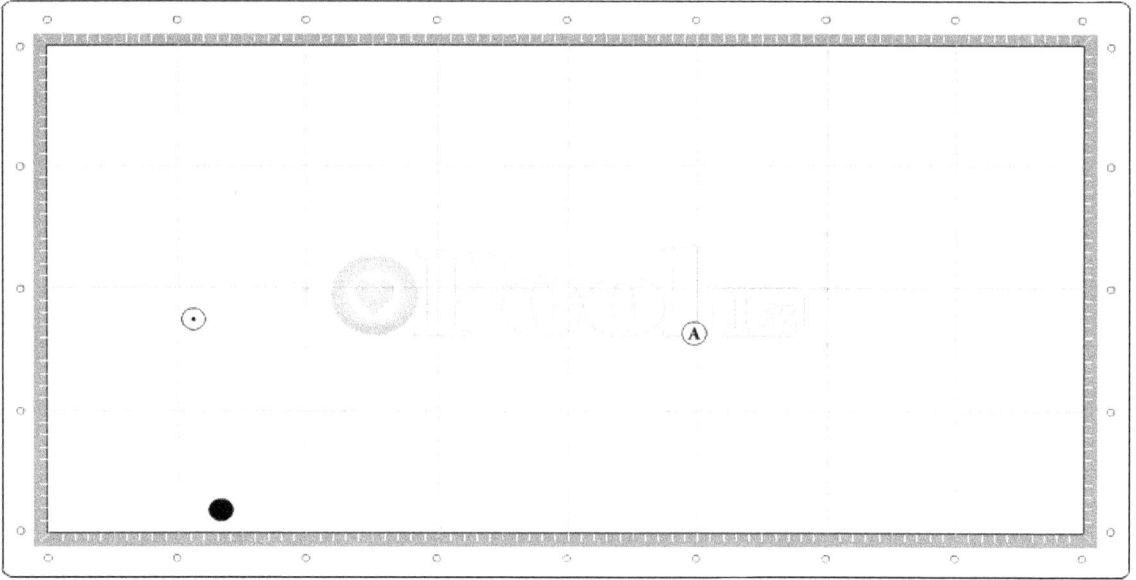

Noter og ideer:

Afspilning mønster

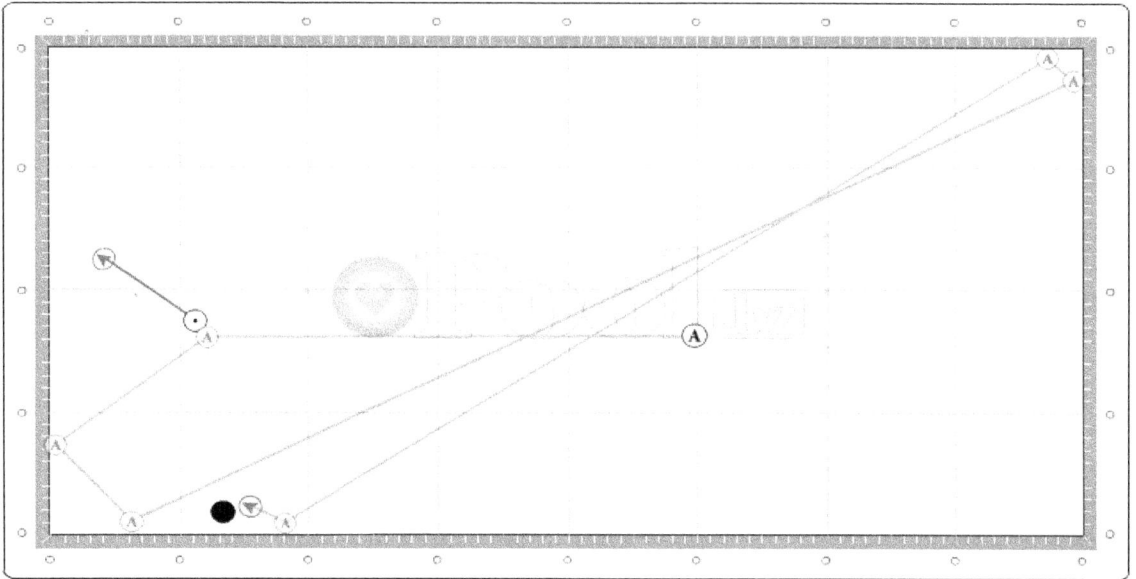

F: Gruppe 2

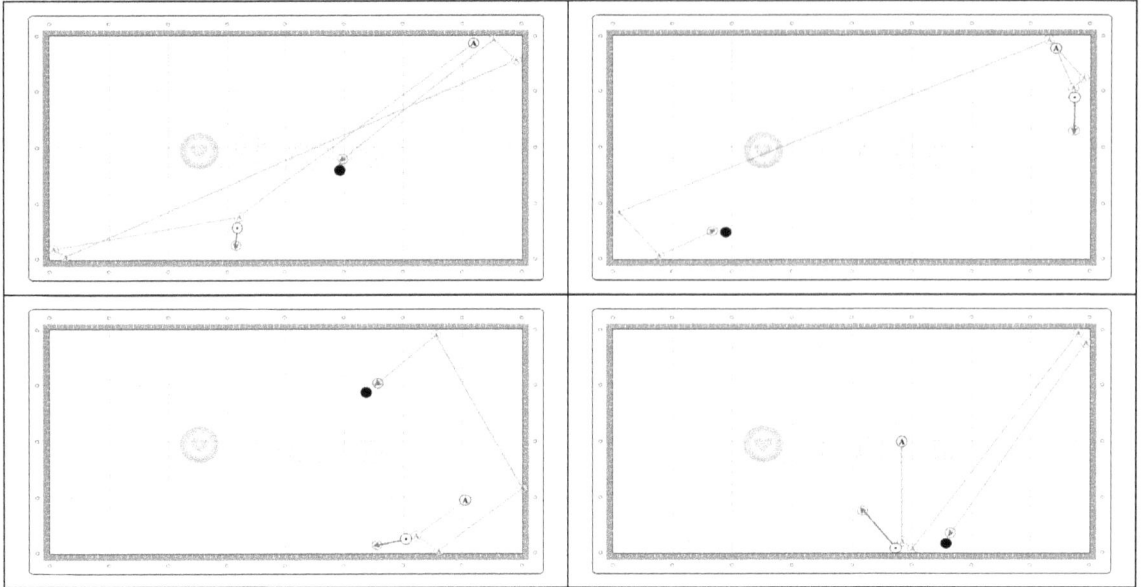

Analyse:

F:2a. _____

F:2b. _____

F:2c. _____

F:2d. _____

F:2a – Setup

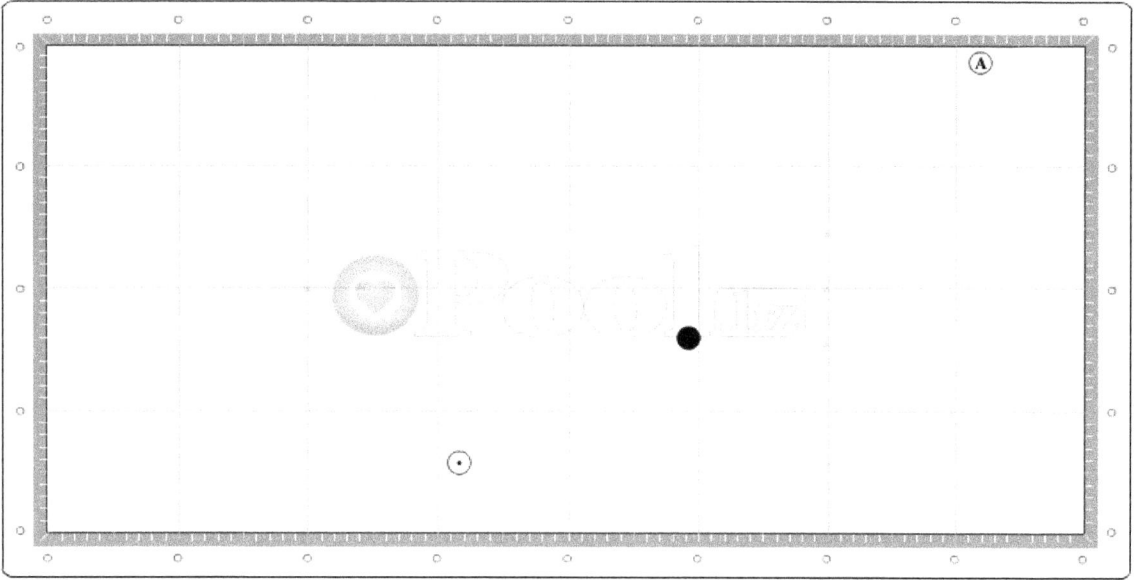

Noter og ideer:

Afspilning mønster

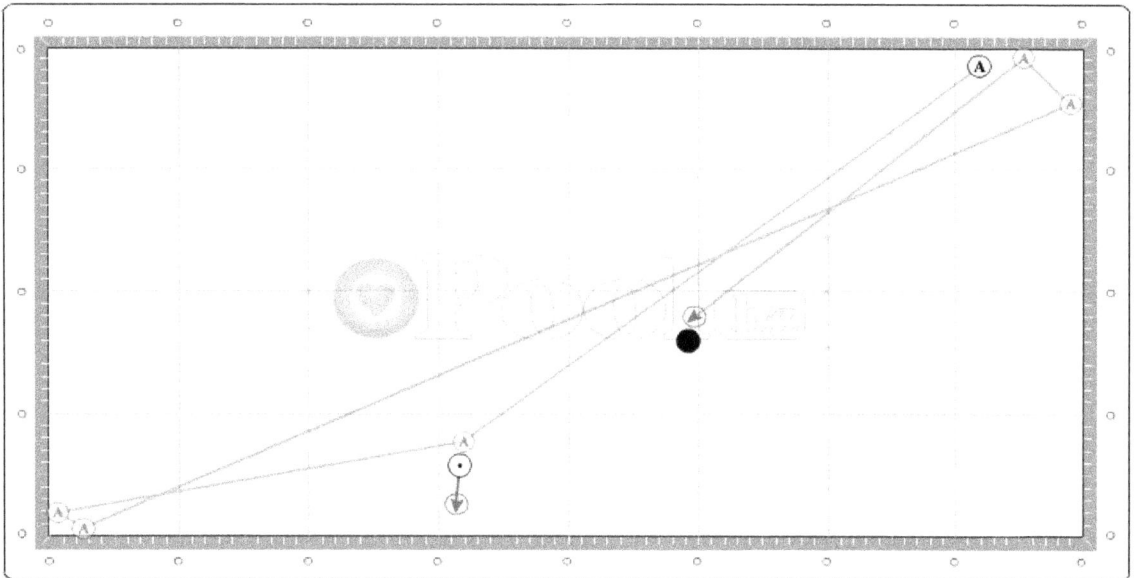

F:2b – Setup

Noter og ideer:

Afspilning mønster

F:2c – Setup

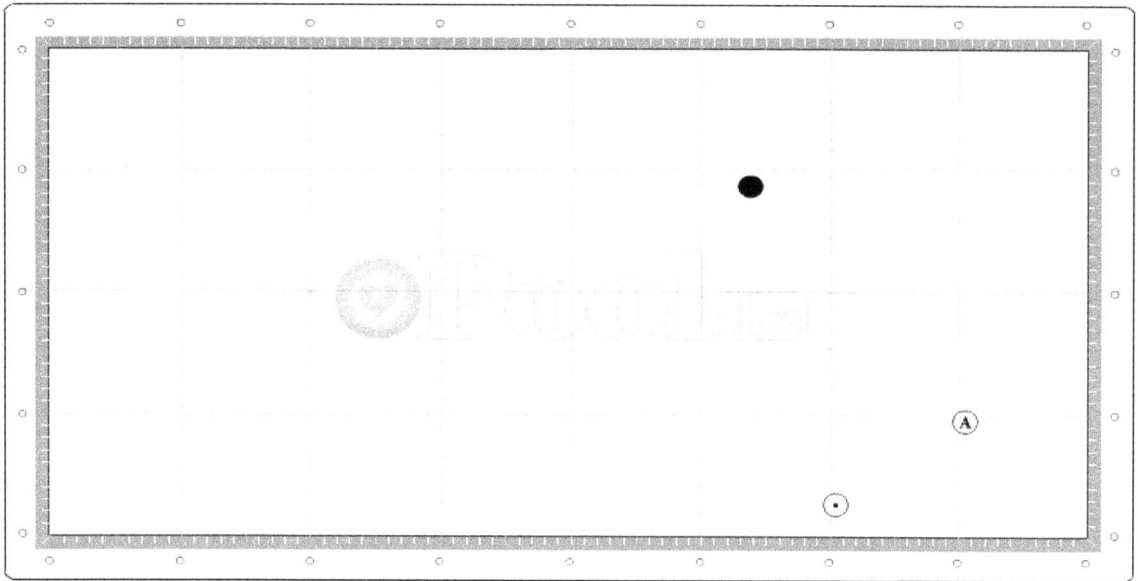

Noter og ideer:

Afspilning mønster

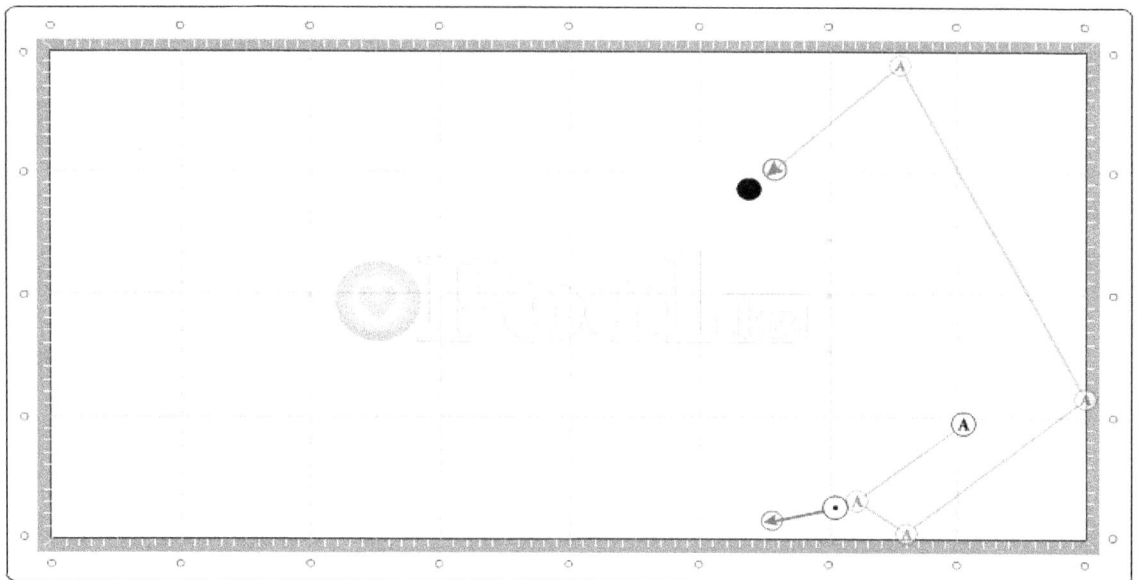

F:2d – Setup

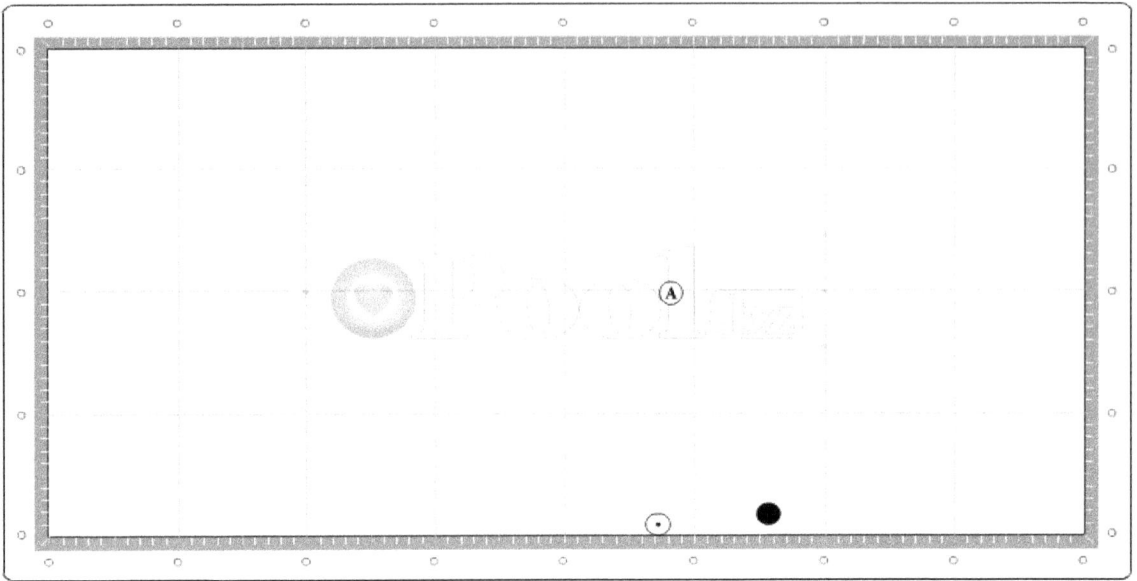

Noter og ideer:

Afspilning mønster

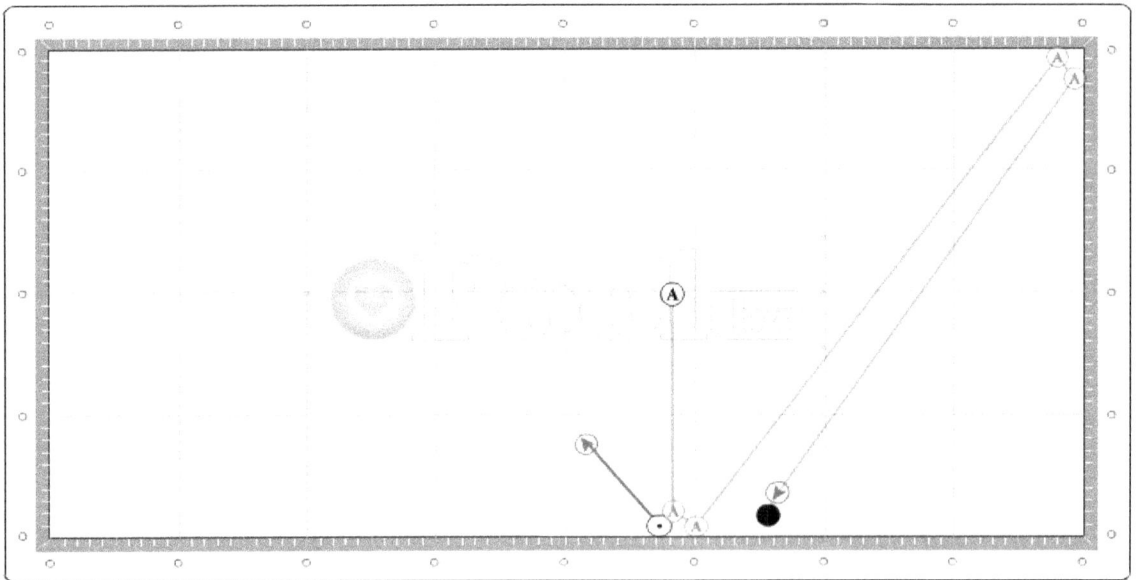